생명,
알면 사랑하게 되지요

생명, 알면 사랑하게 되지요

최재천 선생님이 들려주는 생명 이야기

최재천 지음 | 권순영 그림

더큰아이

들어가는 말
더 따뜻하고 더 지혜롭게 6

1장
생명의 천국 열대로 오세요

나는 한 마리 '털 없는 원숭이' 16
열대는 지구의 생물 백화점 25
지구 최초의 농사꾼 잎꾼개미 34
선물 주고, 노래하고, 춤추고 43

2장
생명, 알면 사랑하게 되지요

자선가 박쥐, 건축가 박쥐 54
당당하고 느긋한 선비 부시마스터 63
너도 나도 지극한 자식 사랑 72
아즈텍여왕개미의 꿈 79

차례

3장
생명의 눈으로 세상을 보아요

동물 속에 인간이 보여요 90
반려 동물들의 호소 98
새들아, 너희 잘못이 아니야 107
생명의 그물을 함부로 끊지 말아요 115
제돌이의 꿈은 바다였습니다 123
생명이 살아 숨쉬는 작은 지구, 국립생태원 135

들어가는 말
더 따뜻하고 더 지혜롭게

"어머야라, 야가 우떠 완?"
"어떻게 오긴요, 기차 타고 왔죠."

나는 싱글싱글 웃으며 눈이 휘둥그래진 할머니를 와락 껴안았어요. 할머니의 품은 몇 달 사이에 더 마르고 좁아진 것 같았어요. 하지만 온갖 자연의 냄새가 그 안에 배어 있었어요. 풀 냄새, 나무 냄새, 흙냄새, 바다 냄새, 대관령을 넘나드는 바람의 냄새까지. 그윽하고 알싸한 그 냄새에 취하다 보니 드디어 내가 강릉에 와 있다는 실감이 났어요.

초등학교 3학년 때 나는 심각한 고민에 빠진 적이 있어요. 학교는 서울에서 다니고 있었지만, 나는 내가 태어나고 자란 강릉을 늘 그리워했어요. 그래서 방학이면 어김없이 강릉으로 달려갔지요. 그런데 어머니께서 이번 여름 방학엔 강릉에 갈 수 없다고 하신 거예요. 어른들의 사정으로 나를 강릉에 데려다 줄 수 없다는 거였어요. 그 상황을 도저히 받아들일 수 없었던 나는 아버지께 강릉에 보내 달라고 말씀드렸어요. 하지만 아버지는 고개를 저으며 단번에 안 된다고 하셨어요. 고민 끝에 나는 밥을 먹지 않기로 했어요. 단식을 하면 어른들의 태도가 달라질 수도 있으리라 생각한 것이지요. 처음엔 '고놈 고집 있네.' 정도로 여기시던 아버지께서도 단식이 길어지자, 정 그러면 혼자서라도 가라고 허락하셨어요.

강릉이 뭐기에 그렇게 가고 싶어 안달했을까? 스마트폰이나 게임기가 걸린 일이라면 모를까, 고작 강릉에 가는 일로 밥을 굶다니 바보 같다고 느끼는 친구도 있을 겁니다. 하지만 강릉엔 아주 특별한 것이 있었어요. 바로 '자연 놀이터'였지요.

할아버지 댁은 대관령과 요즘 커피로 유명한 안목 해변을 가

까이에 두고 있었어요. 그야말로 산과 바다가 모두 나의 무대였던 셈이지요. 여름이면 삼촌을 따라 대관령 기슭 왕산천 계곡으로 들어가 '꾹저구'라는 민물고기를 잡았어요. 망 위에서 파닥거리는 물고기를 볼 때의 그 짜릿함이란! 물 맑은 계곡이니 물장구치며 노는 건 기본. 팔다리를 힘차게 놀리며 나는 여름마다 한 마리 물고기가 되었어요. 물론 이건 내 생각일 뿐이고 '꾹저구'는 나를 물고기로 쳐주지 않았을 거예요. 지느러미도 없는 것이 왜 물속으로 들어와 시끄럽게 헤집고 다니는지, 퍽 마뜩잖았을 것 같아요. 게다가 출출해지면 잡아 놓은 '꾹저구'로 매운탕을 끓여 먹었으니, '꾹저구'에게 미안한 일이 한두 가지가 아니네요.

겨울 놀이의 으뜸은 뭐니 뭐니 해도 겨울 산을 누비며 산토끼를 쫓아다니는 거였어요. 눈옷을 두껍게 입은 대관령 자락에 산토끼가 나타나면, 나는 순식간에 한 마리 산짐승이 되었어요. 뛰는지 구르는지 뒹구는지 알 수 없는 자세로 토끼를 쫓다 보면 눈 덮인 비탈에서 미끄러져 내리기 일쑤인데, 세상에 그보다 재미

있는 놀이가 또 있을까 싶습니다.

한데 이렇게 몸을 쓰는 놀이만 즐겼던 건 아니에요. 내가 태어난 할아버지 댁 방안에 가만히 드러누워 뒤뜰 대나무 밭에서 들려오는 바람 소리에 귀기울이는 것도 참 좋아했어요. 사스락사스락 댓잎이 정답게 몸을 비비는 소리. 평화로운 그 소리는 부드러운 손길이 되어 내 얼굴을 간질이고 머리를 쓰다듬어 줍니다. 시끄러운 서울의 소리에 지쳐 갈 즈음, 대나무밭의 바람 소리는 나를 늘 강릉으로 불러 주었어요. 마음을 맑게 해 주고 달콤한 휴식을 주는 자연의 소리에 이끌려, 난 고등학교 3학년 시절을 빼곤 방학을 모두 강릉에서 보냈답니다.

이 밖에도 강릉 자연 놀이터의 기억은 셀 수 없이 많습니다. 어떤 것은 또렷하고 어떤 것은 흐릿하지만, 모두가 내 몸에 깊이 새겨져 있지요. 난 지금도 차고 미끄러운 대관령 계곡물의 감촉을 생생히 느껴요. 숲이 퍼뜨리는 알큰한 향기와 바람에 실려 오다 태백산맥에 막혀 버린 비릿한 바다 내음도 여전히 코끝을 맴돕니다. 온갖 새와 바람의 노랫소리도 아직 귀에 들리는 듯하고요.

　강릉의 자연 놀이터에서 행복한 어린 시절을 보낸 나는 지금 동물의 행동을 연구하고 있습니다. 언뜻 생각해 보면 어려서부터 동물학자가 되기 위해 한길을 걸어온 것처럼 보일 수 있지만, 사실 나는 꿈이 아주 많았어요. 중학교 때는 시인이 되고 싶었고, 고등학교 때는 조각가가 되고 싶었어요. 예술가가 되었더라면 동물학자인 지금의 나와는 외모부터 상당히 달랐을 거예요. 하지만 자연 놀이터의 경험은 예술가 최재천에게도 많은 영향을 주었을 거라 생각해요.

　대학에서 동물학을 공부한 뒤 미국으로 유학을 떠나면서 내 놀이터는 강릉을 벗어나 지구의 자연으로 훨씬 넓어졌어요. 놀이터였던 자연이 연구의 대상이 되면서 젊은 시절엔 열대 지방에서 많은 시간을 보냈어요. 열대에 가면 온갖 지구 생명체의 모습에 눈이 어지러울 지경이에요. 전 세계에서 생명을 연구하는 많은 과학자가 열대로 모여드는 까닭이 여기에 있습니다.

열대는 지구 생명체의 천국이지만 몹시 덥고 습해서 온대 지방에서 살아온 나 같은 사람이 생활하기에는 몹시 불편하답니다. 빨래도 잘 안 마르고, 모기나 진드기를 비롯한 온갖 벌레에 시달리느라 몸이 성할 날이 없거든요. 연구 때문에 온종일을 숲에서 보내다 보면 땀으로 미역을 감기 일쑤고, 숲이 울창해 길을 잃기도 쉽습니다. 게다가 목숨을 위협하는 독충과 독사도 많아요. 그러나 이런 불편함과 두려움은 색색의 눈부신 생명 앞에서 금세 호기심으로 바뀝니다. 민벌레, 전갈, 잎꾼개미, 딱정벌레, 온두라스흰박쥐, 퉁가라개구리, 흰얼굴꼬리말이원숭이……. 수많은 열대의 생명 앞에서 나는 환호했고, 그들이 뿜어내는 갖가지 매력에 푹 빠져들고 말았습니다.

나는 개미 박사로 알려져 있지만, 박사 학위 논문 주제는 개미가 아니라 민벌레였어요. 열대 지방에 간 것도 민벌레를 연구하기 위해서였지요. 그런데 열대에서 나를 유혹하는 동물은 한둘이 아니었어요. 개미도 그 가운데 하나였지요. 개미뿐만 아니라 다른 사람의 연구 주제에까지 관심 범위를 넓혀 가다 보니 열대에서 꽤 여러 편의 논문을 쓰게 되었어요. 그만큼 박사 학위 논문은 늦어지게 되었고, 교수가 되기까지 시간도 많이 걸린 셈이에요. 그런데 그때 다양한 동물에 두루 관심을 가진 덕분에 나의 이야기 샘은 아무리 퍼 올려도 마르지 않는답니다.

박사 학위를 받고 미국에서 학생들을 가르치던 나는 마흔 살이 되어서야 한국으로 돌아와 지금까지 대학에 몸담고 있습니다. 내가 좋아하는 자연과 동물에 대해 가르치고 있으니 만족할 법도 한데, 옛날 강릉을 그리워한 아이처럼 나는 이제 열대를 그리워합니다.

얼굴에 흰 털이 복슬복슬 나 있는 흰얼굴꼬리말이원숭이. 열대에서 녀석을 처음 만났을 때 나는 온몸이 쭈뼛해지는 경험을 했어요. 우리에 갇힌 동물원의 원숭이는 부자연스럽고 불쌍해 보였는데, 저만치 높은 나무 꼭대기 쪽에서 시끄럽게 떠들며 이리저리 뛰어다니는 야생의 원숭이는 참으로 당당하고 자유로워 보였습니다. 인간인 내가 그저 한 마리 '털 없는 원숭이'라는 생각을 그때 처음 하게 되었어요. 내게 겸손함을 가르쳐 준 열대의 그 녀석들이 지금도 눈에 선합니다.

그렇게 열대 지방에서 동물들을 연구할 때가 참 행복했습니다. 그 행복했던 경험을 이제부터 펼쳐 보이려 합니다. 열대의 체험담뿐 아니라 살아오면서 자연과 그 안에 깃든 생명이 내게 들려준 이야기도 함께 펼쳐 보렵니다.

한 가지 바람이 있다면, 여러분이 내 이야기를 듣고 생명에 대해 제대로 알고 사랑하는 마음을 가졌으면 한다는 거예요. 그래서 그 마음으로 모든 생명이 저마다 지니고 있는 아름다움을 발견하는 눈을 가졌으면 좋겠어요. 이를 '생명의 눈'이라 하면 어떨까요? 나는 여러분이 '생명의 눈'으로 세상을 더 넓고 더 따뜻하고 더 지혜롭게 보기를 바랍니다.

자, 그럼 이야기를 시작해 볼까요?

1장

생명의 천국 열대로 오세요

… 그날 밤 내가 만난 잎꾼개미들은 공교롭게도 나뭇잎이 아니라 꽃잎을 나르고 있었습니다. 길게 이어진 초록 잎의 물결도 대단한 볼거리이지만, 찰랑거리는 분홍빛 꽃물결은 그야말로 환상적인 풍경이었어요. 인간이 비추는 조그만 전등 빛을 받으며 그 아름답고 은은한 꽃물결은 쉴 새 없이 흘러갔어요. 그들을 따라 함께 흘러가다 보니 내가 인간 세계를 벗어나 개미의 세계로 들어선 것 같았습니다.

나는 한 마리 '털 없는 원숭이'

중학교 때였어요. 무슨 수업 시간이었는지 기억은 나지 않지만 존경하는 위인을 적어 내라는 선생님의 말씀이 있었어요. 나는 고민할 것도 없이 연필을 꾹꾹 눌러 존경하는 인물을 썼습니다. 그런데 그게 그만 매를 부르고 말았어요.

"최재천, '타잔'이라니! 지금 장난치는 거냐?"

"아닙니다. 전 정말로 '타잔'을 존경합니다."

내 대답은 선생님의 화를 더욱 돋운 것 같았어요. 앞으로 불려 나가 엉덩이에 불이 나도록 흠씬 맞았으니까요. 솔직히 장난기가 전혀 없었다고 할 수는 없지만, 맹세코 장난만은 아니었습니다. 나는 타잔에 푹 빠져 있었으니까요.

타잔이 누구냐고요? 그 당시 엄청나게 인기를 끌었던 미국 텔레비전 드라마 〈타잔〉의 주인공이랍니다. 아프리카 밀림의 왕자 타잔은 중요한 부위만 가린 채 언제나 알몸으로 등장해 정글을 누빕니다. 나무 위에 집을 짓고 살며, 배가 고프면 바나나며 파인애플을 따 먹습니다. "아~ 아아아~ 아아아아~" 하는 괴상한 소리로 정글의 동물들을 호령하고, 악어나 사자 같은 맹수가 위협하면 맨손으로 혼내 주기도 하지요. 그는 힘이 세고 용맹하지만 동물 친구들을 사랑합니다. 특히 보노보 친구 '치타'와는 한가족처럼 지내지요.

나는 텔레비전에서 〈타잔〉이 나오는 날이면 밥이 입으로 들어가는지 코로 들어가는지도 모른 채 넋을 놓고 보았답니다. 흑백 텔레비전이었지만 내 눈에 비친 정글은 형형색색의 꽃과 과일로 화려하고 눈이 부셨어요. 내가 좋아하는 강릉에도 꽃이며 풀이며 나무가 많았지만, 타잔이 사는 정글과는 비교가 되지 않았어요. 더욱 놀라운 것은 강릉의 자연은 봄, 여름, 가을, 겨울 계절 따라 옷을 갈아입는데, 정글의 자연은 사시사철 무성한 잎을 뽐내며 푸르렀어요. 그뿐인가요? 동물들은 또 얼마나 흔한지 여기서는 마음먹고 동물원에나 가야 볼 수 있는 사자, 코끼리, 악어, 원숭이 들이 그곳에서는 활개를 치고 다녔어요.

'아! 세상에 저런 곳이 있다니…….

그때부터 나는 타잔이 되고 싶었습니다. 타잔이 되어 치타와 함께 정글을 누비는 상상만으로도 내 입은 헤벌쭉 벌어지곤 했지요. 무언가를 간절히 원하면 이루어진다고 했던가요? 드디어 나는 정글에 가게 되었고, 치타는 아니어도 그의 사촌 격인 원숭이를 만날 수 있었습니다. 타잔과 정글이 내 마음을 사로잡은 지 십 몇 년이 흐른 뒤였어요.

1984년 하버드 대학교에서 박사 과정을 밟고 있던 나는 중남미의 열대 국가 코스타리카에서 10주간 열대생물학 수업을 들었어요. 타잔이 살던 아프리카의 정글은 아니어도 같은 열대라는 점에서, 나에게는 오랜 시간 꿈꾸어 오던 것이 이루어지는 감격적인 순간이었지요. 그래도 아쉬움은 남았어요. 언제나 타잔 곁을 지켰던 보노보 '치타'를 볼 수 없었거든요. 아프리카에 사는 보노보가 아메리카 대륙의 정글에 나타날 리 없건마는, 나는 치타를 잃은 타잔처럼 마음 한구석이 몹시 허전했답니다. 그런데 코스타리카 다음으로 찾은 파나마의 바로콜로라도 섬에서 처음으로 동물원 우리에 갇힌 원숭이가 아니라 야생 원숭이를 만날 수 있었어요.

코스타리카에서 비행기에 몸을 싣고 파나마로 가서 버스, 기차, 카누까지 타고 억수같이 쏟아지는 열대 비를 뚫고서야 한밤중에 바로콜로라도 섬에 닿을 수 있었어요. 캄캄한 밤에 도착해 섬의 맨얼굴을 보지 못한 나는 기대감과 흥분 속에서 이튿날 아침 일찍 눈을 떴습니다. 그러곤 열대연구소 사무실에 들러 바로콜로라도 섬의 등산로 지도를 받아들고 곧바로 정글로 향했지요.

숲은 아침부터 훈훈한 김을 마구 뿜어 올리고 있었어요. 전날 내린 비로 잔뜩 물기를 머금은 숲이 뜨거운 열대의 햇살을 받자 몸 밖으로 열심히 습기를 내보내고 있었던 거예요. 마치 숲 전체가 뜨거운 물에 잠겼다 방금 떠오른 것 같았어요. 김이 오르고 있어 훈훈해 보였지만, 막상 숲 속으로 들어서니 차가운 습기가 코끝으로 스며들었어요.

그렇게 얼마를 걸어갔을까. 갑자기 머리 위에서 "캑캑~ 우우~" 하는 요란한 소리가 들려왔어요. 고개를 들어 올려다보니 저만치 나무 꼭대기 쪽에서 얼굴이 희끗희끗한 원숭이들이 이리저리 뛰어다니며 시끄럽게 떠들어 대고 있었어요. 찬찬히 살펴보니 흰얼굴꼬리말이원숭이였어요. 나는 순간 온몸이 쭈뼛해지는 걸 느꼈어요. 상상 속

에서 수없이 그려 보았던 장면이 막상 눈앞에 펼쳐지자 타잔처럼 밧줄을 탈 수도, 괴성을 질러 동물을 호령할 수도, 치타와 손잡고 노닐 수도 없었어요. 두방망이질하는 가슴을 지그시 누르며 그 자리에 붙박인 듯 서서 한참 동안 원숭이들을 올려다볼 뿐이었지요.

처음에 나를 내려다보며 온갖 기이한 소리를 질러대던 녀석들은 시간이 흐르자 저희 일로 바빴어요. 그런 가운데에도 한두 녀석은 나에게서 눈을 떼지

않았지요. 시간이 얼마나 흘렀을까. 그들을 올려다보고 있던 나는 문득 내가 녀석들을 지켜보는 것이 아니라 녀석들이 나를 관찰하고 있는 것 같다는 생각이 들었어요. 내 입장에서야 그들을 찾아간 것이지만, 그들 입장에서는 난데없이 '털 없는 원숭이' 한 마리가 튀어나와 남의 집을 이리저리 기웃거리는 모양새였으니까요. 생각이 여기에 미치자 갑자기 찬물을 한 바가지 뒤집어쓴 것처럼 정신이 번쩍 들었어요. 그들의 세상에 들어가서도 인간이랍시고 잘난 척하다가 뒤통수를 한 대 맞은 기분이었지요.

나는 겸손한 마음으로 한 마리 '털 없는 원숭이'가 되어 흰얼굴꼬리말이원숭이를 올려다보았어요. 나무 아래 털 없는 원숭이의 부끄러움을 아는지 모르는지, 나무 위의 녀석들은 마냥 자유롭고 행복해 보였어요. 멋지고 당당한 그 모습을 지켜보고 있자니 마음 저 깊은 곳으로부터 뜨거

운 것이 뭉클 솟아오르는 것 같았어요.

그때였어요. 사방이 점점 어두워지더니 어디선가 "우우!" 하는 소리가 들리기 시작했어요. 방향을 알 수 없는 그 소리는 띄엄띄엄 들려오다 이내 정글의 공기를 뒤흔들며 귓전을 울렸습니다. 원주민들의 북소리 같기도 하고, 떼를 지어 달려오는 야생마들의 발굽 소리 같기도 했어요. 곧 그 소리에 숲의 꼭대기가 열리는 듯싶더니 굵은 빗줄기들이 한꺼번에 쏟아지기 시작했어요. 얼마나 줄기차게 퍼부어대는지 누군가 위에서 양동이로 물을 들이붓는 것만 같았습니다.

  순식간에 속옷까지 쫄딱 젖은 나는 한참 동안 가만히 서서 쏟아지는 열대의 비를 맞았어요. 안경 위로 빗물이 줄줄 흐르고, 축축한 옷이 몸에 감겼어요. 저 바깥의 인간 세계에서라면 끔찍하게 여겨질 법도 한 상황이지만, 정글에서는 마냥 좋았어요. 그대로 진흙탕에 나뒹굴어도 좋을 것 같았답니다. 열대의 자연에서 비로소 나는 몸과 마음이 자유로워지는 것을 느꼈어요.

  "아, 행복하다! 나는 행복하다!"

  기쁨을 주체할 수 없어 나는 소리 높여 외쳤습니다. 그 외침 소리에 바로콜로라도 섬은 화들짝 놀랐어요. 하지만 곧 흐뭇한 미소를 지었지요. 자연의 품으로 돌아온 한 마리의 털 없는 원숭이를 환영한다는 듯. 인간이 자연을 멀리하고서야 어찌 자유롭고 행복할 수 있겠냐는 듯.

열대는 지구의 생물 백화점

고민 끝에 박사 학위 논문 주제를 '민벌레'로 정한 뒤, 코스타리카와 파나마의 정글을 드나들며 민벌레가 모여 사는 곳을 찾아 훌륭한 실험 장소를 마련했어요. 이제 민벌레 연구에만 힘을 쏟으면 되는 것이었죠. 그런데 어찌 된 일인지 연구소를 나와 정글에 들어서기만 하면 내 몸은 내 것이 아니었어요. 연구소를 나설 때 계획한 것은 온데간데없이 사라지고 엉뚱한 것에 정신이 팔리곤 했지요.

그럴 수밖에 없는 것이 코스타리카에서도 파나마에서도 정글에 발을 들여놓기만 하면 나를 유혹하는 것이 사방에 널려 있었어요. 한 걸음 떼면 이제껏 본 적 없는 화려한 색조의 나비가 눈앞에서 팔랑거립니다. 그놈에게 홀려 요리조리 따라가다 보면, 도마뱀이 나를 보고는 수줍은 듯 나무 뒤로 몸을 숨깁니다.

'요놈 봐라. 숨는다고 내가 너를 못 찾을 성싶으냐.'

이미 술래가 된 나는 도마뱀 꽁무니를 쫓아 한참을 또 헤맵니다. 그렇게 도마뱀과 숨바꼭질에 열을 올리다 보면 이번엔 개미핥기가 나타나서 길을 턱 막습니다. 검은 털 조끼를 입은 녀석은 뒷발로 꼿꼿이 서서는 갈고리 모양의 앞 발톱을 세우고 작은 입을 힘껏 벌려 나를 위협합니다. 기껏해야 내 허벅지에도 닿지 못하는 키에 개미나 핥을 수 있는 긴 혀를 가졌을 뿐 송곳니도 하나 없는 녀석이 말이에요. 나름 위엄을 갖추어 경고했는데 상대가 전혀 겁을 먹지 않으니, 녀석은 멋쩍은 듯 제 갈 길을 갑니다. 그 모습을 가만히 서서 지켜보고 있을 내가 아니지요. 녀석이 개미굴을 뒤져 만찬을 즐기는 모습이 궁금해 뒤를 쫓습니다. 그러다 보면 어느새 해가 뉘엿뉘엿 지고, 서둘러 숲에서 나와야 할 시간이 되고 말지요.

논문 주제는 밀쳐 두고 종일토록 한눈팔고 다닌 셈인데, 이런 일이 하루로 그치지 않고 며칠씩 이어지기도 합니다. 별생각 없이 따라간 동물들이 신기한 행동을 보일 때면, 그 자리에서 새로운 연구 주제가 정해지고 바로 연구에 뛰어듭니다. 몇 날 며칠 발이 닳도록 같은 곳을 드나들며 연구에 집중하다 보면 논문 쓸 거리가 생깁니다. 딱정벌레의 모성애에 관한 논문, 텐트 집을 만드

는 박쥐에 관한 논문이 그렇게 나왔답니다. 하버드로 돌아와 나를 지도해 주시는 교수님께 논문을 보여 드리면 꼼꼼히 살펴보신 뒤 끝에 늘 이런 메모를 남기셨어요.

"그런데 박사 학위 논문은 잘 되어 가는가?"

교수님의 자상한 충고에 마음을 가다듬고 민벌레 연구에 열중하리라 다짐해 보지만 작심삼일로 끝나 버리기 일쑤입니다. 민벌레를 연구하려면 열대 숲으로 가야 하고, 열대 숲에 들어가면 온갖 생물에 정신을 빼앗기고……. 그 바람에 박사 학위를 받기까지 7년이 걸렸어요. 다른 친구들과 견주어 볼 때 꽤 긴 시간이었지요. 한 곳만 파지 않고 눈에 들어오는 것은 다 알아야 하는 성미 탓도 있지만 내 발목을 잡은 것은 열대 숲의 다양한 생물, 그것이었습니다.

대체 열대 지방은 어떤 곳이기에 온갖 생물 종의 보금자리가 되었을까요? 집에 지구본이 있다면 앞으로 가져와 보세요. 세계 지도를 볼 수 있는 사회과 부도나 지도 그림책도 괜찮아요. 적도

를 중심으로 북위와 남위 각 23도쯤 되는 곳까지, 지구의 허리라 할 만한 지역이 열대에 속한답니다. 열대보다 위도가 높은 중위도 지역은 온대, 남극과 북극 지방을 포함해 온대보다 위도가 높은 지역은 한대라고 하지요.

먼저 아메리카 대륙을 보면 내가 자주 찾았던 코스타리카와 파나마, 아마존 강을 품고 있는 브라질과 콜롬비아, 볼리비아 등 중앙아메리카와 남아메리카의 일부가 열대에 속합니다. 대서양을 건너 아프리카로 가 보면, 위로 지중해에 접해 있는 일부 지역과 아래로 남아프리카공화국을 빼고는 대부분의 나라가 열대에 속해 있지요. 아프리카 남동쪽을 보면 〈마다가스카르〉라는 만화 영화 덕택에 유명해진 마다가스카르 섬이 보입니다. 이 섬에서만 볼 수 있는 생물 종이 많아 생물학자들이 중요하게 생각하는 곳이지요. 다시 눈을 오른쪽으로 돌리면 인도네시아, 말레이시아, 베트남, 타이 등 아시아의 남쪽에 있는 나라들과 오스트레일리아 일부가 열대에 듭니다.

열대 지방은 날씨가 무척 덥습니다. 지형에 따라 차이는 있지만, 일 년 내내 여름이 이어지지요. 넓고 푸른 잎이 우거져 있고 땅과 강은 얼어붙는 법이 없습니다. 너무 추워서 생명체가 움츠러드는 극지방을 떠올리면, 열대가 왜 동물과 식물의 천국이나

다름없는지 알 수 있지요. 그런데 열대라고 해서 다 같지는 않답니다. 그중에서도 생물 종이 다양한 곳은 더울 뿐만 아니라 습도 또한 매우 높습니다. 비가 많이 내린다는 뜻이에요. 뜨겁지만 건조한 사막을 떠올리면, 생명의 보금자리가 되는 조건으로 기온 못지않게 물이 중요하다는 것도 알 수 있어요.

  이렇게 덥고 습한 곳에서 식물이 무성하게 자라 열대림을 이루고 온갖 동물이 그 안에 깃들여 사는 거예요. 지구 전체로 보면 2퍼센트밖에 안 되는 열대림에 지구 생물 종의 60~75퍼센트가 살고 있으니, 이곳을 일컬어 지구의 생물 백화점이라 하기에 부족함이 없겠지요?

　내가 자주 찾았던 코스타리카와 파나마는 열대 지역에서도 생물 다양성이 높기로 손꼽힙니다. 코스타리카와 파나마는 남북 아메리카를 잘록하게 이어 주며 나란히 붙어 있는 나라입니다. 지금은 파나마 운하가 생겨 연결이 끊겼지만, 그전에는 남북 아메리카의 동물들이 자유롭게 오가며 모이는 곳이었어요. 덥고 습해서 열대림이 잘 발달한 것도 생물들이 자리 잡고 살기에 더할 나위 없이 좋은 조건이었지요.

　내가 야생 원숭이를 처음 보았던 바로콜로라도 섬은 1914년 파나마 운하가 만들어지면서 생긴 섬이에요. 원래는 산봉우리였

던 것이 산 아래에 물이 차오르면서 졸지에 섬이 되어 버린 거지요. 수많은 동식물이 섬에 갇혀 버린 꼴이 되었지만, 밀렵을 금지하고 자연 보호 구역으로 지정한 덕분에 열대생물학 연구의 중심지로 떠올랐답니다.

나는 여러분이 지구의 생물 백화점인 열대 숲에 꼭 한 번 가 보았으면 좋겠어요. 내가 처음 열대 숲을 드나들던 1980년대만 해도 그 일은 꽤나 위험했어요. 타잔처럼 긴 칼을 허리춤에 차고 덩굴을 헤치며 길을 만들면서 나아가기도 했으니까요.

하지만 지금은 사정이 몰라보게 좋아졌습니다. 여행사에서 마련해 준 비행기를 타고 그 나라 공항에 도착해 대기하고 있는 관광버스를 타면 곧장 열대림 앞으로 갈 수 있답니다. 질척한 진흙탕 길을 헤맬 일도 없어요. 깊은 숲 속까지 마루 길이 깔려 있으니까요. 전문가의 설명을 들으며 갖가지 곤충과 꽃을 감상하다 보면 갑자기 숲 한복판에 엘리베이터가 나타납니다. 그걸 타고 숲 천장에 오르면 나무 꼭대기 사이로 구름다리가 놓여 있어요. 구름다리 주변에는 온갖 종류의 난들이 흐드러지게 피어 있고, 출렁거리는 구름다리 위를 걷다 보면 동물원 우리 안에서만 보던 원숭이들이 좌우로 넘나듭니다.

멋지지 않나요? 시대는 달라졌어도 내 눈과 발목을 잡았던 열대의 생물들은 아마 여러분의 눈과 발목도 붙잡을 거예요. 젊은 시절의 내가 그랬듯, 여러분도 그들의 유혹에 몸을 맡겨 보세요. 그러면 이제껏 보지 못했던 아름답고 놀라운 생명의 세계가 눈앞에 펼쳐질 거예요. 발그레하게 흥분한 얼굴로 우리 거기서 만났으면 좋겠어요. 생명의 천국, 열대에서!

지구 최초의 농사꾼 잎꾼개미

코스타리카의 열대림 라셀바. 내가 처음으로 열대를 체험한 곳이지요. 코스타리카에서 일 년에 두 번씩 여는 열대생물학 수업을 신청한 뒤 합격 통지서를 받고 얼마나 기뻤던지 나는 소풍 가는 아이처럼 그 많은 준비물을 일찌감치 챙겨 두고 손가락을 꼽아 가며 떠날 날만을 기다렸어요. 코스타리카에 도착해서도 열대행 초짜 티가 많이 났는지, 주임 교수에게 오늘은 정글에 가느냐고 물었을 뿐인데 "열대가 처음인 모양이군." 하는 대답이 돌아왔답니다.

수도 산호세에서 하루를 묵고 이튿날 열한 시쯤 출발했는데, 라셀바에는 저녁 무렵에야 도착할 수 있었어요. 열대연구소에서 저녁으로 쌀밥과 검은 콩을 먹고 열대에서 맞은 첫 밤을 기념하는 파티를 즐긴 뒤, 나는 몇 가지 간단한 도구를 챙겨 숲으로 향했어요. 나무가 빽빽이 들어찬 숲에는 어둠이 진하게 깔려 있었지요. 작은 전등을 켜 보았지만 가느다란 불빛은 어둠을 더욱 도드라지게 할 뿐이었어요. 나는 아예 불을 끄고 한참을 가만히 서 있었어요. 정글의 어둠은 참 부드럽고 포근했어요. 그리고 친절했어요. 흑백이나마 숲의 모습을 서서히 드러내 주었으니까요. 어려서부터 열대를 꿈꾸어 온 나는 정글의 속살을 잠시 감상한 것만으로도 야릇한 흥분과 감동에 싸였어요.

전등을 켜고 연구소로 돌아오는 길, 어둠 속에서도 열대 숲을 찾아온 이 기특한 초짜를 라셀바는 그냥 돌려보낼 수 없었나 봐요. 나를 위한 선물이라고밖에 볼 수 없는 멋진 광경을 만났으니, 바로 잎꾼개미의 행렬이었어요. 자연에서 만난 그들의 행렬은 실험실에서 보던 것과는 비교할 수 없을 만큼 아름다웠어요.

잎꾼개미는 나뭇잎을 잘라다 그걸 거름 삼아 버섯을 키웁니다. 산에서 나무를 해 오는 사람을 나무꾼이라 부르니, 잎을 거두어들이는 그들을 잎꾼개미라 부르면 어떨까 싶어 내가 붙인 이름이에요. 사실 우리나라 과학자들이 나보다 먼저 붙여 준 이름은 '가위개미'예요. 그런데 잎꾼개미가 잎을 자르는 모습을 자세히 보면 입을 가위가 아니라 톱처럼 사용한다는 것을 알 수 있어요. 그래서 영어 이름도 'Leaf-cutter ant(잎을 자르는 개미)'로 되어 있답니다.

인간이 농사를 짓기 시작한 것은 대략 1만 년 전부터입니다. 그런데 잎꾼개미는 5~6천만 년 전에 이미 농사를 지었어요. 인간의 대선배이자 지구 최초의 농사꾼이라고 할 수 있지요. 이들이 일구어 놓은 땅속의 버섯 농장을 들여다보면 농사 기술뿐만 아니라 농장을 가꾸는 방식이 얼마나 빼어난지 감탄사가 절로 나올 지경이에요.

잎꾼 일개미들이 이파리를 자르는 모습을 보면, 한쪽 뒷다리로는 잎의 가장자리를 잡고 컴퍼스로 원을 그리듯 날카로운 턱뼈로 둥그렇게 잎을 잘라 나갑니다. 그렇게 잘라낸 잎을 입에 물고 굴속으로 운반해 오면 잎꾼보다 조금 작은 일개미들이 그 잎을 받아 톱날 같은 턱뼈로 잘게 썰지요. 그러고 나면 이번엔 더 작은 일개미들이 잘게 썰린 잎 조각들을 잘근잘근 씹어 효소가 담긴 배설물과 잘 섞어 줍니다. 이렇게 만들어진 잎죽 위에 버섯을 조금 떼어다 심으면 버섯은 잠깐 사이에 자라납니다.

애써서 잎을 자르고 날라 오지만 잎꾼개미는 잎을 먹지 않아요. 버섯을 기르는 데 거름으로 쓸 뿐이에요. 잎꾼개미에게서 고급 영양식을 받아먹은 버섯은 금방 자라서 단백질과 당분이 담뿍 든 영양 물질을 내놓습니다. 잎꾼개미는 그걸 먹지요. 신기하게도 잎꾼개미가 기르는 버섯은 정해져 있어요. 아마 농사 초기에 버섯을 이것저것 길러보다가 가장 알맞은 품종을 찾은 뒤로는 그것만을 대대로 길러 온 것이겠지요.

먹거리를 찾아 떠돌던 인류가 한 곳에 머물며 농사를 짓기 시작하면서 사회의 규모가 커지고 그에 걸맞은 짜임새를 갖추어 나갔듯이, 잎꾼개미의 사회 또한 규모와 짜임새 면에서 첨단을 달립니다. 브라질의 어느 열대림에서 발견된 잎꾼개미 군락에는 주먹 만한 크기의 방부터 축구공 크기 만한 방까지 무려 1천 개가 넘는 방이 있었다고 해요. 이 정도면 지하에 건설된 거대 도시라고 할 만하지요. 그 가운데 약 4백 개의 방에서 버섯 농사를 짓고 있었는데, 방과 방이 모두 연결되어 있었어요. 자유롭게 왔다 갔다 할 수 있을 뿐만 아니라 공기까지 잘 통하니 도시를 만드는 지혜가 결코 인간에게 뒤지지 않지요.

그렇다면 이런 거대 도시를 만드는 데 얼마나 많은 나뭇잎이 필요할까요? 한 군락의 잎꾼개미가 시골 마을 어귀에서 흔히 볼 수 있는 커다란 느티나무에 달려들어 잎을 따 들인다고 쳐요. 한 이틀이면 그 나무는 벌거숭이가 되고 말 겁니다. 아프리카의 초

원을 휩쓸며 온갖 식물을 먹어 치우는 코끼리 떼의 왕성한 식욕도 잎꾼개미 앞에서는 별것 아니지요. 만일 사람이 이들 가까이서 농사를 짓는다면 농작물 잎이 다 잘려 나가 하루아침에 농사를 망치고 말 거예요.

땅 위에서는 식물이나 사람에게 해를 주는 것 같지만 잎꾼개미가 건설한 땅속 버섯 농장 덕분에 열대의 땅은 아주 기름지답니다. 잎꾼개미 군락 하나가 파 엎는 흙의 양은 무게로 따지면 44톤쯤 된다고 해요. 잎꾼개미 한 마리가 제 몸무게의 네댓 배나 되는 흙덩이를 적어도 10억 번은 굴 밖으로 끌어냈다는 이야기예요. 이 정도면 잎꾼개미를 열대의 지렁이라 부를 수 있지 않을까요? 잎꾼개미들이 잎맥만 앙상하게 남은 나무 밑에서 끝없이 긴 행렬을 이루며 어깨 펴고 다니는 데에는 다 그럴 만한 이유가 있는 거지요.

열대 초짜가, 열대 체험 첫날, 어둠 속에서, 면면에서 참으로 특별한 잎꾼개미를 만났으니 어찌 라셀바가 보낸 선물이라 믿지 않을 수 있겠어요. 더구나 그날 밤 내가 만난 잎꾼개미들은 공교롭게도 나뭇잎이 아니라 꽃잎을 나르고 있었습니다. 길게 이어진 초록 잎의 물결도 대단한 볼거리이지만, 찰랑거리는 분홍빛 꽃물결은 그야말로 환상적인 풍경이었어요. 인간이 비추는 조그만 전등 빛을 받으며 그 아름답고 은은한 꽃물결은 쉴 새 없이 흘러갔어요. 그들을 따라 함께 흘러가다 보니 내가 인간 세계를 벗어나 개미의 세계로 들어선 것 같았습니다.

　문득 정신을 차리고 보니 숲길을 벗어나 있었어요. 거기가 어디인지 방향조차 가늠할 수 없었지요. 라셀바의 선물을 받고 어린아이처럼 들떠 지혜롭지 못한 행동을 했다는 생각이 들었어요. 순간 등줄기에 식은땀이 흘렀어요. 어쩐다? 우선 등산로를 찾아야겠다는 생각으로 한참을 헤맸지만 길은 보이지 않았어요.

이러다 영영 인간 세계로 돌아가지 못하는 것은 아닐까. 걱정과 두려움으로 가슴이 콩닥콩닥 뛰었어요.

그때, 잎꾼개미의 행렬과 다시 마주쳤어요. 옳거니, 이들의 행렬을 거꾸로 따라가면 내가 왔던 숲길을 찾을 수 있겠구나! 과연 그랬어요. 길은 그리 멀지 않았고, 나는 무사히 인간 세계로 돌아올 수 있었지요. 개미 때문에 길을 잃고, 개미 덕에 길을 찾은 셈이에요. 열대 초짜의 좌충우돌 첫 열대 체험은 이렇게 라셀바의 자상한 배려와 구조의 손길 덕분에 잊을 수 없는 추억으로 가슴에 새겨져 있답니다.

선물 주고, 노래하고, 춤추고

동물학자로 살다 보니 동물들의 생태를 많이 관찰합니다. 그 가운데 가장 흥미로운 것은 암수의 짝짓기 행동입니다. 오해할까 싶어 한마디 덧붙일게요. 내가 짝짓기 행동을 흥미롭다고 한 것은 그 행위 자체에 특별히 관심이 있어서가 아니에요. 짝짓기만큼 생물의 삶에서 중요한 게 없기 때문이지요. 게다가 유별나고 이채로운 짝짓기 행동이 워낙 많기 때문이기도 합니다.

내 박사 학위 논문 주제가 '민벌레'라는 이야기는 앞에서 했지요? 내가 민벌레 연구를 시작할 무렵 학계에서 민벌레에 대해 아는 지식은 곤충학 교과서의 한 페이지조차 채우지 못했어요. 나의 연구로 민벌레에 관한 정보가 20여 페이지 정도로 늘었으니,

나도 과학의 발전에 조금은 기여한 셈이에요. 내가 발견한 것은 비록 대단지는 않더라도 모두 새로운 것입니다. 특히 민벌레의 짝짓기 행동은 몸길이가 고작 2밀리미터밖에 되지 않는 작은 곤충으로서는 상상할 수 없을 정도로 복잡하답니다.

민벌레는 삶의 대부분을 나무껍질 밑에서 보내는 까닭에 눈이 퇴화하여 흔적조차 거의 없어요. 대신 아홉 개의 동글동글한 보석을 꿰어 만든 듯한 긴 더듬이로 상대방을 확인하고 대화를 나누지요. 그들의 촉각은 아주 예민해서 더듬이로 한 번 건드리기만 하면 상대가 암컷인지 수컷인지 금방 알 수 있어요. 상대가 수컷이면 황급히 되돌아서지만 암컷이면 수컷은 곧바로 구애를 시작합니다. 그 과정은 참으로 더디고 복잡한데, 한 번 볼까요?

암컷을 만난 민벌레 수컷은 긴 더듬이를 머리 뒤로 한껏 치켜들고 마치 〈백조의 호수〉에 나오는 무용수처럼 강중거리다 파르르 떱니다. 이어 바닥에 닿을 정도로 머리를 깊이 숙이고, 아주 천천히 조심스레 암컷을 향해 다가갑니다. 이런 자세로 가는 도중 머리를 숙이느라 길게 늘어진 목 한가운데에서 혹이 하나 불쑥 튀어 나옵니다. 혹은 연신 불거졌다 가라앉기를 반복하는데, 이 모습을 지켜보던 암컷은 마음이 내키지 않으면 쌩하니 돌아서 버리죠.

다행히 암컷이 관심을 보여 수컷을 향해 마지막 한 발을 떼면 수컷 목의 혹이 푹 꺼지며 머리 한복판에 있는 작은 구멍에서 액체 방울이 하나 솟아오릅니다. 암컷에게 주는 선물입니다. 암컷은 그 액체를 빨아먹으며 수컷이 짝짓기를 할 수 있도록 몸을 옆으로 구부립니다.

언뜻 보면 일이 다 된 것 같지만 수컷은 아직 갈 길이 멉니다. 액체 방울이 암컷의 입에서 멀어지지 않도록 조심하면서, 몸을 활처럼 휘어 암컷의 몸과 만나야 하기 때문이에요. 서커스에 견

줄 만한 이 과정에서 경험이 적은 수컷은 서두르다 실수를 많이 합니다. 머리를 조아리고 더듬이 춤을 추며 선물 보따리까지 내놓고도 결정적인 순간에 암컷의 비위를 거슬러 일을 그르치고 말지요.

더디고 복잡한 절차 끝에 어렵사리 이루어진 짝짓기는 어이없게도 1분이 안 되어 끝나 버립니다. 볼일을 마친 암수는 서로 떨어져 돌아서는데 이것으로 짝짓기가 끝난 것은 아니에요. 무슨 이유에서인지 수컷은 이 어려운 과정을 차근차근 밟으며 다시 한 번 암컷을 유혹합니다. 암수가 서로 마음이 맞으면 이 과정을 서너 차례 반복합니다. 내가 관찰한 것 가운데 최고 기록을 가진 민벌레 한 쌍은 두 시간 반 동안 무려 스물여덟 번의 짝짓기를 했답니다. 그날 현미경을 통해 이들의 사랑을 지켜보느라 나는 아침을 거르고 말았어요.

까다로운 암컷의 마음을 사기 쉽지 않은 것은 다른 동물들도 마찬가지예요. 고운 노래로 암컷을 유혹하는 새들은 봄이 되면 노래를 부르고 싶어 안달이 납니다. 과학자들이 재미있는 실험을 했는데, 수컷의 노래를 녹음해 순서를 어느 정도 뒤바꾸어 들려줘도 암컷이 대충 알아듣는다고 해요. 수컷이 부를 줄 아는 노래는 오로지 사랑의 세레나데밖에 없는데 "당신을 사랑해!"나

"사랑해, 당신을!"이나 암컷에게는 큰 차이가 없는 거지요. 다만 박자는 매우 중요해서 원래의 노래와 달리 음이 늘어지면 암컷이 전혀 알아듣지 못한다고 합니다. 우리야 노래방에서 박자가 좀 틀리면 낮은 점수를 받을 뿐이지만, 새들의 세계에서는 아예 혼삿길이 막히는 거지요.

여름 밤 들판을 왁자하게 채우는 개구리들의 합창. 이 또한 장가가고 싶어 몸이 단 수컷들의 외침이지요. 이들은 크고 멋진 노래로 암컷의 마음을 사로잡는데, 내가 파나마의 정글에서 본 '퉁가라개구리'의 경우 멋진 노래의 기준이 좀 별나답니다.

퉁가라개구리는 원주민이 부르는 이름이고, 연구원끼리는 비디오개구리라고 불렀어요. "삐융 삐융!" 하며 우는 소리가 마치 비디오 게임을 할 때 나는 소리 같았거든요. 한밤중 퉁가라개구리가 모여 있는 물가로 가면 여기저기서 "삐융 삐융! 삐융 삐융!" 하며 우는 통에 마치 전자오락실에 들어선 것 같았어요. 그런데 퉁가라개구리를 연구하는 친구의 말로는 우리 귀에는 '삐융'으로만 들리는 그 소리 안에 '척' 하는 트림 소리 비슷한 음이 몇 개씩 붙어 있다고 해요. 인간의 귀에는 들리지 않는 그 '척' 소리를 개구리 암컷들은 다 알아듣고 수까지 헤아린다고 합니다. '척'의 수가 많을수록 암컷들이 좋아한다고 하니, 숨이 넘어갈 듯

 길게 끄는 발성을 위해 수컷들은 죽을힘을 다할 밖에요.

 암컷의 관심을 끌기 위해 '척'을 서너 개씩 붙여 가며 요란하게 노래하다 보면 자칫 위험에 빠질 수도 있어요. 목청 좋은 퉁가라개구리 수컷은 박쥐들의 표적이 되기 십상인데, 박쥐에게는 오로지 이 '척' 소리만 들리기 때문입니다. 노래를 잘해야 사랑을 얻는데 그 때문에 목숨을 잃을 수도 있으니……. 혼자 살 것인가 목숨 걸고 사랑을 구할 것인가, 수컷으로서 퉁가라개구리의 삶도 나을 것이 없어 보입니다.

 이 밖에도 암컷의 마음을 얻기 위한 수컷의 구애 행동은 일일이 늘어놓기 힘들 만큼 많아요. 혼자서 재주껏 노래 한 곡조 뽑는 것으로 모자라 암컷 무리 앞에서 떼를 지어 춤을 추는 동물이 있는가 하면, 암컷의 환심을 사려고 화려한 별채를 만들고 싱싱한 꽃까지 바치는 새도 있어요. 아름다움과 힘, 노래로 승부할 수 없을 땐 선물 공세에 들어가는데, 아예 제 몸을 선물로 바치는 수컷도 있지요.

이쯤 되면 인간으로 태어난 걸 다행으로 여기며 가슴을 쓸어내리는 남학생도 있을 것 같군요. 눈치챘겠지만 동물의 세계에서 번식의 결정권은 암컷에게 있어요. 힘센 수컷, 아름다운 수컷, 노래 잘하는 수컷, 춤 잘 추는 수컷, 선물 주는 수컷도 모자라 제 몸까지 바치는 수컷이 있는 이유가 무엇일까요? 수컷은 스스로 자식을 낳을 수 없기 때문이에요. 암컷이 자신을 받아들이지 않으면 자손을 퍼뜨릴 수 없다 보니 수컷의 구애 행동이 기기묘묘하게 진화한 거예요.

자연계에는 수컷 없이 암컷 혼자 자손을 퍼뜨리는 '처녀 생식'은 있지만 '총각 생식'이란 건 없어요. 또, 암수 함께 살거나 암컷끼리만 살거나 암수가 함께 살다 수컷을 없애 버리고 사는 생물은 있지만 수컷으로만 이루어진 생물은 없어요. 어쩌다 이런 생물이 나타난다면 세상에서 곧 사라지고 말 거예요. 대를 이을 수 없으니까요.

나는 남자, 말하자면 인간 수컷입니다. 다른 동물들과 마찬가지로 암컷에게 잘못 보이면 대를 잇지 못할 수도 있어요. 지구에 생물이 생겨서 번성해 온 방식이 이럴진대 받아들일 수밖에요. 내 사진을 보면 알겠지만, 난 힘이 세지도 않고 몸매가 아름답지도 않아요. 노래와 춤도 형편없어요. 값비싼 선물로 여자의 마음을 살 만큼 대단한 부자도 못 돼요. 그래서 나는 가슴을 쓸어내립니다, 사람으로 태어나 결혼까지 한 걸 감사히 여기며…….

2장

생명, 알면 사랑하게 되지요

"전갈이 징그럽다며 소리소리 지를 땐 언제고
지금 뭐 하는 거예요?"
"징그럽긴요. 사랑스럽기만 한 걸요. 세상에 이처럼
지극정성인 어머니가 또 어디 있겠어요?"
그 여학생은 전갈의 모성애에 깊이 감동한 듯 보였어요.
어찌나 가까이 붙어 먹이를 주는지 여학생 코가 전갈에게
닿을 것만 같았어요. 내가 늘 좌우명처럼 끼고 사는
"알면 사랑한다."는 말은 바로 이런 경우를 두고
하는 말이지요.

자선가 박쥐, 건축가 박쥐

옛날에 날짐승과 길짐승 사이에 싸움이 붙었어요. 박쥐는 날개가 있는 점을 내세워 날짐승 편에 서서 길짐승들의 움직임을 살폈어요. 그런데 싸움의 기운이 길짐승 쪽으로 유리하게 기울자 얼른 날개를 접고 길짐승 쪽에 붙었어요. 싸움이 끝난 후 줏대 없이 이쪽저쪽 기웃거렸던 박쥐는 양쪽 모두에게 따돌림을 받고 동굴 속에 숨어 살며 모두가 잠든 밤에만 나와 활동하게 되었답니다.

이것이 여러분이 처음 접한 '박쥐' 이야기가 아닐까 싶어요. 고대 그리스의 작가 이솝은 박쥐를 이렇게 자기 잇속만 챙기는 교활한 기회주의자로 그렸어요. 아마도 날짐승인지 길짐승인지 헷 갈리게 하는 박쥐의 외모 때문이었을 거예요. 고대의 생물학자들에게도 박쥐는 골칫거리였어요. 날개가 있으니 분명 새의 일종인 것 같은데, 깃털이 아니라 털이 나 있고 부리가 아니라 입이 있으니 말입니다. 어찌 보면 날아다니는 새 같고, 어찌 보면 땅에서 사는 포유동물 같거든요. 수수께끼가 풀려 오늘날 우리는 박쥐가 새끼를 낳아 젖을 먹여 키우는 포유동물에 속한다는 사실을 알고 있어요. 하지만 처음에 박힌 좋지 않은 인상이 쉬 가시지 않아 '박쥐' 하면 이맛살부터 찌푸리는 친구도 많을 거예요.

그런데 박쥐에게 붙여진 기회주의자라는 딱지는 흉악한 흡혈 귀라는 불명예스러운 평판에 비하면 양반인 셈이에요. 영국 작가 스토커의 소설 〈드라큘라〉에서는 주인공이 달 밝은 밤이면 박쥐로 변해 피를 찾아 나섭니다. 이 소설은 영화로도 만들어져 널리 알려진 까닭에 박쥐는 간사한 데다 공포심까지 주는 무섭고 악한 동물이라는 편견을 사람들에게 심어 주었어요.

물론 박쥐 가운데 흡혈박쥐가 있는 것은 사실이에요. 열대 지방에 사는 흡혈박쥐는 동물들의 피를 먹고 삽니다. 그런데 소설이나 영화에서처럼 동물의 목에 구멍을 내어 피를 빨아먹는 것은 아니에요. 그저 잠자고 있는 동물의 목 부위를 발톱으로 긁어

상처를 낸 후 그곳에서 스며 나오는 피를 혀로 핥아 먹는 정도입니다. 그렇다 해도 피를 먹는다는 사실에서 인정머리 없는 냉정한 동물일 거라는 인상은 쉽게 지워지지 않지요.

그런 흡혈박쥐가 동료들에게 피를 나누어 줍니다. 피를 배불리 먹고 돌아온 박쥐들이 끼니를 거른 배고픈 가족이나 친척, 이웃에게 피를 나누어 주는 거예요. 피를 받아먹은 박쥐는 그 고마움을 기억해 두었다가 뒷날 피로써 은혜를 갚는다고 하니 이렇게 훈훈한 나눔 정신이 또 어디에 있을까요? 아름답고 귀한 풍습 덕분에 흡혈박쥐는 야생에서 15년 넘게 살기도 합니다. 이웃이야 굶든 말든 나 몰라라 산다면 태어나 3년을 버티기 힘들 것으로 보이는데, 함께 살자는 마음으로 나눔을 실천하니 훨씬 긴 삶을 누리게 된 거예요. 생김새야 어떻든 자선가 박쥐라

면 인정해 줄 만하지요?

 박쥐를 다시 보게 하는 이야기는 또 있어요. 처음 열대를 체험했던 코스타리카의 라셀바에서 있었던 일이에요. 그날도 민벌레 같은 작은 곤충들을 찾아 정글 바닥을 기고 있던 나는 뻐근해진 허리를 펴기 위해 잠시 하늘을 올려다보았어요. 그 순간 내 눈에 들어온 것은 나뭇잎 텐트 안에 나란히 매달려 곤히 낮잠을 자고 있는 하얀 박쥐 세 마리였어요. 메추리 알보다 조금 클까? 작고 가냘픈 생명은 온몸이 눈처럼 새하얀 솜털로 뒤덮여 있었어요. 아, 누가 박쥐를 징그럽다고 했나요? 그날 내 손에 쏙 들어온 아름다운 생명은 '온두라스흰박쥐'로 세상에 한 종류밖에 없는 흰박쥐였어요.

 중남미의 열대에서만 볼 수 있는 작고 귀여운 외모의 흰 박쥐.

어두컴컴한 동굴 천장이 아니라 어여쁜 초록색 텐트에 매달려 있는 흰 박쥐. 이들과의 첫 만남은 나를 뿅 가게 했어요. 그날 이후 정글 바닥을 기는 사이사이 별나게 자주 허리 펴기 운동을 했답니다. 고개 박고 곤충을 연구하고 고개 들어 박쥐를 찾았으니, 일분일초도 허투루 쓰지 않는 모범적인 열성 과학자가 바로 여기에 있었지요.

온두라스흰박쥐는 바나나 잎처럼 생긴 길쭉한 타원형 모양의 헬리코니아 잎을 텐트로 사용합니다. 굵은 중앙 잎맥의 양옆으로 나 있는 지맥을 물어뜯으면 중앙 맥을 사이에 두고 양쪽 잎면이 꺾여 A(에이)자 모양의 텐트가 만들어져요. 방법은 간단하지만 햇빛과 비, 천적을 피하기에 더없이 훌륭한 집이지요. 이곳에 암수 여러 마리가 함께 머물다 새끼가 태어나면 수컷은 텐트를 떠납니다.

깜찍한 흰 박쥐의 텐트 집에 반해 나는 아예 텐트박쥐 연구에 팔을 걷어붙이게 되었어요. 관심 분야가 오지랖 넓던 나에게는 자연스러운 일이었지요. 코스타리카의 태평양 연안에 있는 코르코바도. 숲이 워낙 울창하여 땅 위로는 못 가고 작은 경비행기를 타야만 들어갈 수 있는 곳이에요. 여기에서 나를 처음 텐트박쥐의 세계로 안내해 준 미국의 동물학자 팀 박사와 함께 '토마스의 과일박쥐'의 생태를 연구했어요.

  토마스의 과일박쥐는 무려 열한 가지의 잎을 사용해 여러 모양의 텐트를 만드는데, 스페이드(♠) 모양의 덩굴 식물 이파리를 가장 많이 써요. 잎의 중앙 맥을 따라 양쪽으로 난 지맥을 둘에서 다섯 군데 정도 물어뜯는 건 A자 모양의 텐트 만들기와 비슷해요. 그런데 잎이 스페이드 모양이라 좌우 둥근 부분이 아래로 축 처져 겹치면서 고깔 모양의 텐트가 되지요.

  과일박쥐는 열매가 풍성한 과일나무를 따라 떠돌이 생활을 하는데, 밤마다 동굴에서 과일나무까지 왔다 갔다 하는 게 번거로

워 이렇게 야영 생활을 한답니다. 때때로 모양이 달라진 잎을 알아본 거미원숭이에게 날벼락을 맞고 잡아먹히기도 하지만, 과일박쥐에게 텐트는 비와 포식 동물을 피할 수 있는 소중한 안식처이지요.

잎 하나에 텐트 하나. 이것만으로도 훌륭하지만 건축가 박쥐는 여기에 만족하지 않습니다. 1986년 나는 파나마의 정글에서 그동안 학계에 보고되지 않은 아주 색다른 텐트를 발견했어요. '피터스의 텐트박쥐'가 어린 코콜로바 나뭇잎을 이용해 만든 텐트였는데, 여러 잎을 사용한 점도 놀라웠지만 구조 역시 아주 기발했어요.

이들은 아예 잎의 중앙 맥을 물어뜯어 잎 면이 아래로 처지도록 합니다. 아래쪽에 있는 잎은 나무 줄기에서 먼 곳의 중앙 맥을 물어뜯고, 위로 올라갈수록 줄기에서 가까운 곳의 중앙 맥을 물어뜯습니다. 이렇게 하면 기와를 포개듯 아랫잎과 윗잎이 기울기를 이루며 맞닿아 전체적으로 원뿔 모양의 텐트가 만들어져요. 이 복합 텐트는 구조가 치밀하고 아름다울 뿐 아니라 튼튼하기까지 해서 퍼붓듯 쏟아지는 열대의 비에도 끄떡없습니다. 그 작은 머리로 어쩌면 그리 정교한 건축물을 만들 수 있는지 신기할 따름이지요.

 자선가 박쥐나 건축가 박쥐 이야기를 보면 부정적인 이미지와 달리 박쥐가 얼마나 영리하고 지혜로운 동물인지 알 수 있어요. 그런데 이런 특별한 예가 아니더라도 박쥐는 사람을 비롯한 많은 생물에게 도움을 줍니다. 모기나 나방 같은 해충을 잡아먹고 벌, 나비, 새가 쉬는 어두운 밤에 식물의 가루받이를 도맡아 하니까요. 새가 아닌데도 나는 재주가 뛰어나서 유연성과 기술에서 박쥐를 따를 새가 없을 정도예요. 캄캄한 밤에 박쥐가 온갖 장애물을 피해 지그재그로 움직이며 도망가는 나방을 낚아채는 모습은 한마디로 예술이지요.

  삐딱한 시선을 거두면 어디 박쥐가 나는 모습만 예술이겠어요? 생김새와 살아가는 방식에도 다 그만한 이유가 있음을 알게 되니 모든 생명이 소중하고 아름답게 느껴지지요. 생명을 깊이 알면 아름다움과 감동에 늘 묻혀 살게 되니 이보다 좋은 예술 체험이 없답니다.

당당하고 느긋한 선비 부시마스터

그날도 나는 라셀바의 열대림에서 바닥에 길게 누워 있는 나무 위에 올라타 민벌레를 찾고 있었습니다. 덜컥 대문을 열어젖히듯 훌렁훌렁 나무껍질을 벗겨내 녀석들을 찾을 수 있다면 일도 아니겠지만, 그렇게 해서는 절대로 녀석들을 만날 수 없었어요. 민벌레는 크기가 아주 작은 데다 워낙 예민한 까닭에 나무껍질을 손톱만큼씩 조심조심 벗겨 가며 녀석들의 자취를 따라가야 해요. 모르는 사람이 보면 요상하기 이를 데 없는 모습이었을 거예요. 죽은 나무를 뉘어 놓고 살금살금 옷을 벗기고 있었으니 말이에요.

다행히 그곳은 사람 그림자를 구경하기 힘든 깊은 열대 숲. 한

바탕 굵은 소나기가 지나간 후 온갖 새와 개구리, 풀벌레가 저마다 목청 자랑에 열을 올릴 뿐, 나무를 끌어안고 끙끙대는 '털 없는 원숭이'에겐 관심조차 없었어요. 그런데 동물들의 요란한 합창 소리를 뚫고 귀에 익은 목소리가 들려왔어요.

"제이, 그 나무 위에 부시마스터가 있으니 조심하게!"

제이는 미국인 친구들이 나를 부르는 이름이었어요. 조심하라고 소리 지른 뒤 저만치 옆 숲으로 들어간 사람은 뱀을 연구하는 해리 그린 교수였고요. 부시마스터란 말에 내 몸은 순간 빳빳하게 굳었어요. 몸길이가 3미터에 이르는, 전 세계 살무사 가운데 가장

크고 무시무시한 부시마스터. 중남미 사람들은 부시마스터를 몹시 두려워하는 만큼 관심도 많아요. 지역마다 부시마스터를 부르는 이름이 줄잡아 50개가 넘으니 말이에요.

"해리, 해리!"

나는 뒷모습이 보이지 않을 만큼 멀어진 해리를 애타게 불렀어요. 뱀이 곧바로 모습을 드러냈다면 그렇게 두렵지는 않았을 겁니다. 그런데 나무 주위를 아무리 살펴보아도 뱀은 보이지 않았어요. 시선은 나무 주위에 꽂아둔 채 나는 목이 쉬어라 해리를 불러 댔어요. 잠시 후 가던 길을 되돌아 해리가 내 곁으로 왔어요.

"대체 부시마스터가 어디 있다는 거예요?"

묻는 내 목소리가 반쯤은 쉬어 있었어요.

"저기 있잖나."

해리가 나뭇가지를 집어 부시마스터의 코끝을 건드릴 만큼 가까이 가리켜 주어서야 비로소 뱀이 내 눈에 들어왔어요. 갈색 바탕에 검은 줄무늬가 얼기설기 나 있는 부시마스터는 내가 앉아 있던 나무 위 채 1미터도 안 되는 곳에 똬리를 틀고 있었어요. 그 자리에서, 털 없는 말라깽이 원숭이가 쓰러진 나무에 올라타 껍질을 벗기며 서서히 다가오는 모습도, 그러다 무슨 낌새를 느끼고 기겁하며 허둥대는 모습도, 가만히 앉아서 지켜보고 있었던 거예요.

　독사가 가까이 있었으니 놀라고 당황한 것은 당연한 일. 그런데 한 점 흐트러짐 없이 도도하게 앉아 있는 녀석을 보니 내 행

동은 왠지 품위가 떨어지는 것처럼 느껴졌어요. 당당하고 느긋하고 성품이 곧은 선비 같다고나 할까. 그날 녀석의 모습이 딱 그랬어요. 녀석과 전혀 딴판이던 나로서는 자존심이 상하는 일이

었지만.

뱀은, 특히 부시마스터처럼 큰 뱀은 며칠 또는 몇 주에 한 번씩만 먹이를 먹어요. 그러곤 쓸데없이 힘을 쓰지 않으려고 배가 꺼질 때까지 한자리에 그대로 앉아 있어요. 몸의 온도가 너무 내려간다 싶으면 따뜻한 곳으로 옮겨 앉을 뿐이에요. 뱀은 바깥 온도에 따라 몸의 온도가 변하기 때문에 이런 식으로 체온을 조절한답니다. 바쁘게 움직이고, 자주 먹고, 바깥이 덥거나 춥거나 체온을 유지해야 하는 인간과는 살아가는 방식이 많이 다르지요. 뱀은 꼭 필요한 만큼만 먹고 적게 움직이니 급할 것도 없고 호들갑 떨 일도 없어요. 품위를 지키기 위해 그러는 건 아닐 테지만 뱀이 사는 모습은 선비를 닮았지요.

뱀은 자연계에서 가장 성공적으로 진화한 동물이기도 해요. 열대림에 가장 많지만, 물 한 방울 없는 사막에서 바닷속까지 극지방을 빼고 거의 모든 곳에서 살고 있으니까요. 그뿐인가요? 발이 없는데도 못 가는 곳이 없답니다. 매끈한 원통형 몸으로 미끄러지듯 땅 위를 지나가고, 나무를 타고, 헤엄도 치지요. 너른 들판, 우거진 숲, 울퉁불퉁한 동굴, 비좁은 땅굴까지 뱀은 어디든 갈 수 있어요. 어쩌면 발이 없어서 거침없이 더 잘 다니는지도 몰라요.

원래 뱀의 조상은 발이 있었는데 진화 과정에서 없어졌어요.

가늘고 긴 몸에 달린 발이 움직이는 데 방해가 되자 서서히 사라진 거예요. 아마 지금의 뱀에게 다시 발을 붙여 준다고 하면 전혀 반가워하지 않을 겁니다. 이동할 때마다 이리 걸리고 저리 걸리고 자유롭게 똬리를 틀 수도 없으니 지금보다 나을 게 하나도 없거든요. 그래서 쓸데없이 무언가를 덧붙일 때 뱀 사(蛇)에 발 족(足)을 써서 '사족'이라고 해요.

  선비를 닮았네, 진화에 성공했네 하며 내가 아무리 뱀을 치켜세워도 여러분에게는 여전히 뱀은 무섭고 징그러운 동물로 생각될지 모르겠어요. 그런데 여러분이 처음부터 그랬던 건 아닐 거

예요. 아주 어린 아이들은 뱀을 딱히 두려워하지 않거든요. 미국에서 태어나 어린 시절을 아빠가 일하는 자연사 박물관에서 보낸 나의 아들도 뱀을 무서워하지 않고 친구처럼 데리고 놀았어요. 물렁물렁한 뱀 알들을 어루만지기도 하고, 새끼 뱀을 손에 칭칭 감고 다니는가 하면, 뱀 머리를 입에 넣고 쪽쪽 빨기까지 했어요. 그러던 아이가 자라면서 자연과 담쌓고 살더니 뱀을 무서워하기 시작했어요.

뱀뿐만 아니라 자연을 대하는 사람들의 태도가 예전과 많이 달라졌어요. 사람들이 자연 속에서, 자연과 더불어 살 때는 자연을 두려워하면서도 자연의 아름다움과 따뜻함, 고마움도 함께 느꼈어요. 그런데 자연과 점점 멀어지면서 자연을 불편하게 느끼고, 특별한 이유 없이 싫어하거나 무턱대고 두려워하게 된 것 같아요.

물론 부시마스터 같은 독사는 내게도 무서운 동물이에요. 그러나 무섭다고 해서 징그럽거나 싫은 것은 아니에요. 열대 숲을 드나들며 뱀 때문에 아슬아슬한 경험을 많이 했지만, 나는 뱀에게 한없는 매력을 느낍니다. 알록달록한 몸 무늬는 우아하고 세련돼 보이며, 똬리를 틀고 앉아 긴 혀를 날름거리는 모습에는 위협적이면서 도도한 아름다움이 있지요.

그래서 해리 그린 교수가 저녁 식사 자리에서 임시 조수를 찾는다고 광고했을 때, 나는 그의 말이 끝나기도 전에 손을 번쩍 들었답니다. 쓰러진 나무 위에서 부시마스터 때문에 등골이 오싹한 경험을 한 지 채 며칠도 되지 않은 때였어요. 그런데 해리의 조수가 되던 날부터 나는 올빼미 신세가 되고 말았어요. 잎꾼개미를 따라다니고 박쥐 연구를 하느라 밤잠을 설치는 게 버릇이 되어 힘든 줄은 몰랐어요. 다만 낮에도 잘 찾지 못하는 뱀을 밤에 찾아 다녀야 한다고 생각하니 조수로서 자격이 있는지 잠깐 의문이 들기는 했어요. 하지만 동물을 본다는 즐거움 앞에서 두려움이나 고달픔, 자격 따위는 아무런 문제가 되지 않았어요. 이것만 봐도 타고난 내 팔자가 동물학자인 것만은 부인할 수가 없네요.

너도 나도 지극한 자식 사랑

　파나마에서 연구를 하던 시절, 종종 나와 함께 식사를 하던 동물 친구가 있었어요. 여러분이라면 대개 강아지나 고양이, 아니면 햄스터나 거북이 정도를 떠올릴 겁니다. 그런데 내 식사 동무는 전갈이었어요.

　어느 날 내가 밥을 먹고 있는데 전갈 한 마리가 식탁 옆을 어슬렁거렸어요. 나는 장난삼아 먹고 있던 고깃덩어리를 잘게 떼어 던져 주었어요. 전갈은 처음에 경계를 하며 거리를 두는가 싶더니 이내 슬금슬금 다가와 냄새를 맡고는 금세 고기를 먹어 치웠어요. 그날 이후 전갈은 사흘이 멀다 하고 나를 찾아와 음식을 받아먹었어요. 나중에는 아예 식탁 위에까지 기어 올라와 나와 함께 식사를 했지요. 나는 식사 시간이면 으레 전갈 친구를 위해 음식을 남겨 두곤 했어요.

그러던 어느 날 미국 미네소타 대학교에 다니는 여학생 하나가 그곳에 연구 활동을 하러 왔어요. 그 여학생과의 첫 식사 시간, 공교롭게도 내 친구 전갈이 식탁 위로 올라와 주위를 기웃거렸어요. 깜짝 놀란 여학생은 공포 영화를 보기라도 한 듯 비명을 지르며 자리에서 벌떡 일어났어요. 나는 괜찮다며 여학생을 진정시킨 뒤 태연스레 전갈에게 먹이를 주었어요. 여학생은 흥분하며 이렇게 소리쳤어요.

"당신은 공동체 예절도 모르나요? 당신 나라에서는 이렇게 무례해도 되는 거예요?"

여학생이 나라까지 들먹이며 면박을 주자 미안한 마음도 잠시, 은근히 부아가 치밀었어요. 그러나 여럿이 함께 식사를 하는 자리라 꾹 참고 말았어요. 남의 속은 아랑곳없이 성이 안 풀린 여학생은 이렇게 쏘아붙였어요.

"그놈의 징그러운 전갈, 다시는 가까이 오지 못하게 멀리 내다 버려욧!"

나는 내키지 않는 걸음으로 전갈 친구를 식당 밖으로 내몰았어요.

"앞으로는 내가 여기로 먹을 것을 가져다줄게. 절대 식당 안으로 들어오면 안 돼. 알았지?"

내 말을 알아들을 리 없건만 이렇게 타이르며 식당 문 앞에서 전갈을 풀어 주었어요.

그 후 한동안 전갈 친구는 모습을 보이지 않았어요. 처음 며칠은 친구 몫으로 남겨 둔 고깃덩어리를 들고 식당 문 앞에서 기다려 보았지만 녀석은 오지 않았어요. 애꿎은 전갈에게 몹쓸 짓을 한 것 같아 마음이 내내 편치 않았어요.

그 일이 있고 나서 한 열흘이나 지났을까? 아침 일찍 산에 올라 관찰을 마친 뒤 오후가 되어 연구소로 내려온 나는 식당 바닥에 엎드려 있는 그 여학생을 발견했어요. 여학생이 배를 깔다시피 바닥에 엎드려서는 도대체 무얼 하는가 싶어 가까이 다가가 보았어요. 순간 나는 내 눈을 의심하지 않을 수 없었어요. 그 여학생은 짤막한 꼬챙이에 작은 고깃덩어리를 꿰어 전갈에게 먹이고 있었던 거예요!

"전갈이 징그럽다며 소리소리 지를 땐 언제고 지금 뭐 하는 거예요?"

"징그럽긴요. 사랑스럽기만 한 걸요."

여학생 눈에 갑자기 콩깍지가 씐 게 틀림없었어요. 그렇지 않

고서야 열흘 만에 사람이 이렇게 변할 수 있나. 그런데 가만 보니 내 전갈 친구의 등에는 올망졸망한 작은 전갈들이 꼼틀거리고 있었어요. 친구는 안 보이는 동안 새끼를 낳은 거였어요. 먹을 것만 챙겨 줄 줄 알았지 나는 그 친구가 암컷인 줄도 모르고 있었어요.

"세상에 이처럼 지극정성인 어머니가 또 어디 있겠어요?"

그 여학생은 전갈의 모성애에 깊이 감동한 듯 보였어요. 어찌나 가까이 붙어 먹이를 주는지 여학생 코가 전갈에게 닿을 것만 같았어요. 내가 늘 좌우명처럼 끼고 사는 "알면 사랑한다."는 말은 바로 이런 경우를 두고 하는 말이지요.

전갈 못지않게 모성애가 강한 딱정벌레도 있어요. 딱정벌레는 동물 가운데 가장 많은 종 수를 자랑하는데, 지금까지 알려진 것만 거의 30만 종에 이릅니다. 우리가 아는 전체 동물 종 수의 4분의 1에 해당하는 수치예요. 아마도 조물주께서 딱정벌레 한 마리를 만들어 놓고 아주 흡족한 나머지 디자인을 조금씩 달리해 만들고 또 만드셨나 봅니다. 그게 아니라면 이들이 지구에서 크게 번성할 수 있었던 이유로 극진한 모성애를 꼽을 수밖에 없습니다.

어느 날 나는 정글에서 나무에 기어오르는 개미 한 마리를 뒤쫓다가 반쯤 갉아 먹힌 이파리에서 딱정벌레 한 마리를 보았어요. 노란색 등판이

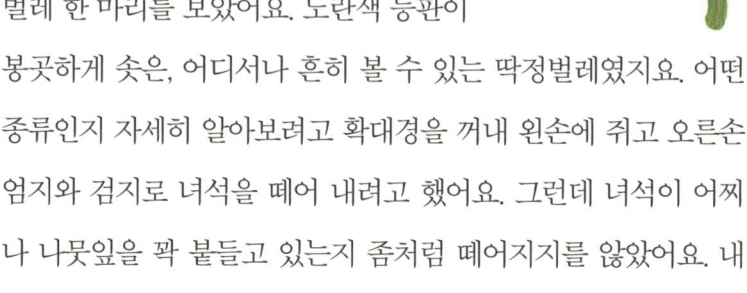

봉곳하게 솟은, 어디서나 흔히 볼 수 있는 딱정벌레였지요. 어떤 종류인지 자세히 알아보려고 확대경을 꺼내 왼손에 쥐고 오른손 엄지와 검지로 녀석을 떼어 내려고 했어요. 그런데 녀석이 어찌나 나뭇잎을 꽉 붙들고 있는지 좀처럼 떼어지지를 않았어요. 내가 힘을 더할수록 녀석은 죽을힘을 다해 나뭇잎을 붙들었어요.

왜 그런가 싶어 녀석의 가슴팍을 유심히 살펴보니 아직 검은 때를 벗지 못한 새끼 두 마리가 그 안에 있었어요. 자식을 보호하기 위해 포대기에 꼭 싸서 끌어안고 있는 모습이랄까. 부지런히 나무를 오르내리며 기회만 엿보던 개미들도 철벽같은 딱정벌레 어미의 보호막 앞에서 발걸음을 돌려야 했지요.

코끝 찡해지는 자식 사랑 이야기에서 으뜸가는 동물은 뭐니 뭐니 해도 염낭거미일 거예요. 염낭거미 암컷은 번식기가 되면 나뭇잎을 말아 작은 주머니를 만들고 그 안에 들어가 알을 낳

습니다. 새끼들을 온갖 위험에서 보호하기 위해 아예 사방이 막힌 공간을 만들기는 했는데, 막상 그들을 먹일 일이 걱정이에요. 그래서 염낭거미는 제 몸을 자식들에게 먹입니다. 어미의 깊디깊은 사랑을 아는지 모르는지,

새끼들은 어미의 살을 파먹으며 자라납니다.

물론 암컷만 애지중지 자식을 키우는 건 아니에요. 가시고기 수컷은 암컷이 알을 낳기 무섭게 쫓아내고는 수정시킨 알들을 혼자서 정성스레 돌봅니다. 다른 물고기가 알을 먹지 못하도록 보호하면서 산소가 모자랄세라 알자리 어귀에서 쉴 새 없이 지느러미를 퍼덕이지요.

고개 갸웃할 일은 남의 자식을 탐내는 경우예요. 북아메리카에 사는 어느 민물고기 수컷은 암컷이 바위 밑에 붙이고 간 알들을 혼자서 기릅니다. 그런데 이들의 가장 무서운 적은 알을 빼앗으

려는 다른 수컷들이에요. 암컷도 아닌 수컷이 남의 자식까지 빼앗아 기르려는 이유는 뭘까요? 연구에 따르면 암컷이 알을 보호하고 있는 수컷을 좋아하기 때문이라고  합니다. 암컷이 보기에 초보 아빠보다는 경험 있는 아빠가 자식을 맡기기에 더 믿음직한 거겠지요.

　자식, 암컷, 수컷. 유명한 생물학자가 생명의 세계에서 중요한 순서대로 쓴 말입니다. 자식이 제일 중요하고 다음으로 암컷이 중요해요. 자식을 낳으니까요. 수컷은 생명이 진화하는 과정에서 뒤늦게 생겼어요. 유전자를 섞어서 좀 더 튼튼한 자식을 만들기 위해서요. 사실 생명의 세계에서 자식을 빼면 암컷과 수컷은 큰 의미가 없어요. 암컷이든 수컷이든 자식 사랑이 지극한 이유는 생명의 최종 목표가 자손을 퍼뜨리는 것이기 때문이에요. 사람을 포함해서 자식 일에 그렇게 목매다는 데는 그럴 만한 생물학적 이유가 있는 거랍니다.

아즈텍여왕개미의 꿈

 한바탕 소나기가 지나고 땅에서 뜨거운 김이 솟아오르는 오후, 혼인 비행을 마친 여왕개미 한 마리가 작은 나무를 찾아 내려앉습니다. 여왕개미는 나무줄기를 두어 번 오르락내리락한 후 날개를 부러뜨리고 곧바로 줄기에 구멍을 파기 시작합니다. 이때 아무 곳에나 구멍을 내는 건 아니에요. 줄기의 마디마다 특별히 얇은 부분이 있는데, 여왕개미는 용하게도 이 엉성한 문을 찾아내 구멍을 뚫습니다. 나무가 개미를 위해 일부러 마련해 둔 곳입니다.
 땅굴을 파는 것보다야 낫지만 나무 굴을 파는 것도 만만한 일은 아닙니다. 구멍을 뚫고 줄기 속으로 크고 뚱뚱한 몸이 들어가

기까지 30분에서 길게는 두 시간이 걸리기도 하니까요. 무사히 안으로 들어간 여왕개미는 줄기의 안벽을 긁어 구멍을 막습니다. 그래 봐야 문이 아직 허술해서 집터를 고르던 다른 여왕개미가 뚫고 들어와 함께 둥지를 틀기도 해요. 일주일 정도 지나면 구멍이 난 부위에서 새로운 물질이 나와 다른 부위보다 오히려 더 두툼해집니다. 엉성한 창호지 문이 튼튼한 철문으로 바뀌는 거지요. 이 또한 나무의 세심한 배려 같습니다.

집만도 고마운데 나무는 개미에게 먹을 것까지 줍니다. 나무가 내놓는 영양 물질은 식물로는 드물게 동물성 당단백질이 풍부하게 들어 있어 개미의 훌륭한 양식이 되지요. 개미로서는 한 나무에서 잠자리와 먹을 것을 모두 해결하는 셈이에요. 그럼 개미는

공짜 집에서 공짜 밥만 축내는 것일까요? 그렇지 않아요. 개미가 그렇게 염치없는 동물이었다면 지구 곳곳에 뿌리 내리며 살지 못했을 거예요. 잠자리와 먹을 것에 대한 보답으로 개미는 구석구석 부지런히 돌며 다른 동물로부터 나무를 보호해 줍니다. 이렇듯 서로 필요한 것을 잘 알아 척척 제공해 주는 아즈텍개미와 트럼펫나무는 서로 돕는 사이, 즉 공생 관계를 맺고 삽니다.

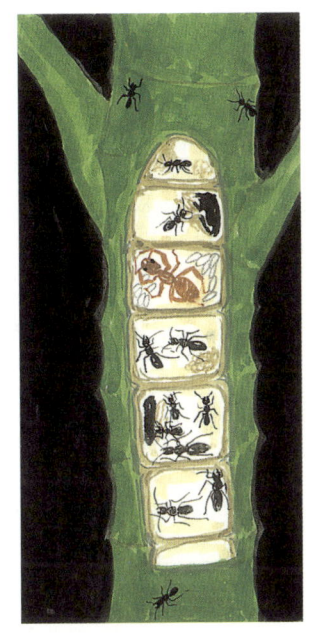

개미 박사로 알려진 내가 가장 오랫동안 연구하며 애정을 가져 온 동물이 바로 아즈텍개미입니다. 아즈텍개미는 13세기 멕시코 고원에서 찬란한 문명을 꽃피웠던 아즈텍 인디언에서 이름을 따왔어요. 아즈텍 인디언이 세운 나라는 오래전에 멸망했지만, 아즈텍개미는 지금도 중남미 열대에 있는 트럼펫나무에서 열심히 자신들의 나라를 세우고 있답니다.

나는 1984년 코스타리카의 아름다운 고산 지대 몬테베르데에서 어린 트럼펫나무에 둥지를 틀고 있는 아즈텍여왕개미들을 만났답니다. 트럼펫나무는 대나무처럼 줄기 속이 빈 데다 마디가 칸칸이 나뉘어 있어 세로로 잘라 보면 고층 아파트처럼 생겼어요. 마디마다 여왕개미들이 살림을 차리고 있었으니 마디 하나가 작은 왕국인 셈이지요. 어떤 왕국에는 여왕개미 혼자, 어떤 왕국에는 여러 여왕개미가 함께 살고 있었어요. 심지어는 종이 다른 검은 여왕개미와 붉은 여왕개미가 함께 살기도 했어요. 이것은 인간과 침팬지가 함께 살림을 차린 것에 견줄 수 있을 만큼 놀라운 일로 과학계에서는 그때나 지금이나 최초의 발견이에요.

그 뒤 나는 트럼펫나무에서 아즈텍여왕개미가 나라를 세우는 과정에 관심을 갖고 연구를 시작했어요. 트럼펫나무가 어릴 때는 줄기 마디마다 작은 왕국이 하나씩 세워진답니다. 이때 이웃 나라보다 먼저 많은 일개미들을 생산해 내려면 혼자서 나라를 세우는 것보다 여럿이 힘을 합쳐 나라를 세우는 것이 유리해요. 혼자서 먹지도 못하고 몸에 저장한 영양분만으로 알을 낳아 키우는 사이, 여러 여왕개미가 함께 나라를 세운 곳에서는 더 많은 일개미가 더 빨리 문을 열고 나와 먹이를 차지할 수 있거든요. 시작이 늦으면 나라를 세워 보지도 못하고 사라질 수밖에 없어요.

그래서 종이 다른 여왕끼리 손을 잡기도 하고, 때로는 작은 원통형 마디 안에 스무 마리가 넘는 아즈텍 여왕들이 엉켜 살기도

하는 거랍니다. 발 디딜 틈 없는 비좁은 곳에서 여왕들은 서로 도와 가며 함께 알을 낳아 키웁니다. 실제로 혼자서 알을 낳아 키우는 것보다 여럿이 함께 키우면 일개미를 더 빨리 길러 낼 수 있어요. 일개미 스무 마리 정도면 문을 박차고 나가 먹이를 거두어 올 수 있으니 트럼펫나무에 있는 작은 왕국마다 소리 없이 자식 키우기 경쟁이 이루어지고 있는 거예요.

다른 여왕들과 손잡고 나라를 세웠지만 아즈텍여왕개미는 모두 같은 꿈을 가지고 있어요. 이웃 왕국보다 먼저 일개미를 낳아 키운 다음에 함께 나라를 세운 다른 여왕들을 없애고 자신이 트럼펫나무를 지배하는 거예요. 인간 사회건 개미 사회건 한 나라에 왕이 둘일 수는 없는 법! 나라를 세울 때 서로 힘을 합쳤던 여왕개미들은 듬직한 일개미 무리가 먹이를 물어 오면 서로 싸우기 시작합니다. 자식을 생산할 때까지는 한마음이었지만, 그 자식이 가져오는 먹이를 두고는 적으로 바뀌는 거지요.

연구 자료에 따르면 다 자란 트럼펫나무에는 하나의 왕국만 남아 있고, 그 왕국은 한 여왕이 통치하고 있다고 해요. 어린 트럼펫나무가 숲 천장을 찌를 듯 커다란 나무로 자라는 사이 여왕개미들은 하나뿐인 왕의 자리를 놓고 목숨을 건 싸움을 벌이는 거예요. 나는 내친 김에 큰 트럼펫나무에 진짜 하나의 왕국만 남아 있는지 확인해 보기로 했어요. 연구 자료를 그대로 믿기에는 부족한 부분이 있었거든요.

처음 몬테베르데를 찾은 날로부터 일 년이 채 안 된 어느 날. 그 더운 열대에서 그날 나의 차림새는 이러했어요. 윗옷으로 턱 밑까지 올라오는 겨울용 자라목 스웨터를 입고, 아래옷으로 긴 바지를 입은 다음, 얼굴에는 망사로 된 방충망 같은 것을 뒤집어 썼어요. 여기에 손목과 발목, 허리까지 초록색 테이프를 돌돌 감아 틈새란 틈새는 모두 막아 버렸어요. 꼴은 내가 봐도 가관이어서 박사 과정을 밟고 있는 연구원이라고는 도무지 상상할 수 없었어요.

이렇게 완전 무장을 하고 내가 하려던 일은 30미터쯤 되는 커다란 트럼펫나무를 뉘어 놓고 그 안에 아즈텍여왕개미가 몇 마리나 있는지 세어 보는 거였어요. 그런데 막상 아즈텍개미와 맞닥뜨리고 보니 그 모든 준비가 소용없었어요. 내 몸은 채 5분도 안 되어 개미들 차지가 되고 말았거든요. 빈틈없이 꽁꽁 싸맸는데도 어디로 어떻게 들어왔는지 녀석들은 온갖 곳을 다 물어 댔어요. 특히 남자의 중요한 부분을 물릴 때는 참으로 난감했지요. 하는 수 없이 두껍게 감은 테이프를 죄다 뜯어내고 속옷까지 벗은 다음 개미들을 털어 냈어요. 독침은 없지만 워낙 악착같은 놈들이라 다른 방법이 없었어요. 사람 그림자를 찾아볼 수 없는 오지였으니 망정이지, 벌건 대낮에 아랫도리까지 훌렁 내리고 참으로 할 짓이 아니었어요.

개미들의 등쌀에 애초 스무 그루 정도 확인하려던 계획을 접고 다섯 그루로 만족해야 했어요. 아무리 하버드 대학교의 박사 학위가 중요하다 해도 온몸의 살갗이 딸기 껍질로 변하는 데는 당해 낼 재간이 없었어요. 진땀은 뺐지만 다섯 그루의 나무에서 여왕개미가 한 마리만 있는 걸 직접 눈으로 확인했으니 고생한 보람은 있었지요.

다른 학문도 그렇겠지만 특히 동물행동학은 남이 해 놓은 연구 결과를 이야기로 들을 때는 참 흥미진진해요. 하지만 그 배경에는 온갖 어려움을 겪으며 관찰에 몰두하는 동물학자들이 있어

요. 아즈텍개미 이야기만 해도 그래요. 아즈텍개미와 트럼펫나무의 공생, 여왕개미들의 협동, 여왕개미들의 왕권 다툼, 한 왕국으로의 통일, 드라마 같은 그들의 이야기는 책상 위에서 쓰진 게 아니에요. 찌는 듯한 무더위, 목숨을 위협하는 온갖 동물, 지루한

시간과의 싸움 속에서 동물학자들이 직접 발로 뛰어 쓴 것이지요. 이제 이야기 곳곳에 배어 있는 동물학자들의 땀방울이 보이나요?

3장
생명의 눈으로 세상을 보아요

… 어른 아이 할 것 없이 뱃전에서 합창으로 "제돌이다!", "춘삼이다!"라고 외칠 때 나는 소름이 돋을 정도로 행복합니다. 내가 세상에 태어나서 한 일 중 이 일이 가장 보람 있는 일이었던 것 같습니다. 생물학자가 된 것이 자랑스럽습니다. 여러분이 제돌이의 꿈을 가슴으로 느꼈다면 동물원에 가서 동물과 눈을 맞출 때 재주 부릴 것을 기대하기보다 먼저 이렇게 속삭여 보면 어떨까요? "너희들이 행복해졌으면 좋겠어!"라고요.

동물 속에 인간이 보여요

 인간은 종종 자신을 동물과 다르다고 생각합니다. 다를 뿐만 아니라 여러 면에서 동물보다 훨씬 뛰어나고 특별하다고 여기지요. 이런 눈으로 세상을 보면 인간 외의 다른 생명은 작고 하찮게 생각돼요. 우리가 사는 지구도 마치 인간을 위해 생겨난 것처럼 잘못 생각할 수도 있고요. 지구의 주인은 인간이 아니고, 인간만이 특별한 생명체도 아니랍니다. 왜 그런지 볼까요?
 지구의 생명체는 크게 식물과 동물로 나뉘어요. 인간은 엄연히 동물에 속하지요. 그것도 새끼를 일정 기간 몸속에서 키워 내보낸 뒤 젖을 먹여 키우는 포유동물이에요. 새끼를 갖고 키우는 방식에서 인간은 돼지나 개, 고양이와 다를 바 없어요. 그뿐인가

요? 인간의 조상이 지구에 처음으로 나타난 때가 지금으로부터 20~25만 년 전이에요. 지구의 나이가 46억 년, 생명이 처음 생겨나 오늘에 이르기까지 40억 년쯤 되었으니 인간은 지구에서 아주 짧은 시간을 살아온 셈이에요. 그에 비하면 바퀴벌레, 까치, 돼지는 인간보다 훨씬 오랫동안 지구촌 주민으로 살아왔어요.

자연계에도 어른을 공경하는 문화가 있다면 지금 인간에게 무시당하고 고통받는 많은 동물의 마음은 나이 지긋한 어른이 한참 어린 아이에게 험한 욕을 듣고 흠씬 두들겨 맞았을 때의 느낌과 비슷할 거예요. 인간은 지구의 막내예요. 최초의 생명이 수십억 년에 걸쳐 다양하게 가지를 뻗으며 진화하는 과정에서 우연

히 생겨난 생물의 한 종일 뿐이지요.

　지구의 막내이지만 인간은 지능이 높고 다른 동물보다 뛰어난 점이 분명 있어요. 하지만 인간에게만 있다고 여겼던 능력이 다른 동물에게서 발견되는 경우도 많아요. 예를 들어 언어는 인간만이 가진 능력이라고 생각했는데, 꿀벌에게도 언어가 있다는 것이 밝혀졌어요. 인간은 말과 글을 사용하지만 꿀벌은 춤을 이용한다는 것만 다를 뿐이에요.

　정찰벌이 꿀을 나누어 주며 원형 춤을 추면 친구들은 가까이에 먹이가 있다는 것을 금방 알아채요. 굳이 거리와 방향을 알려 주지 않아도 꽃이 내뿜는 향기를 찾아 날아가기만 하면 되지요. 그런데 먹이가 50미터 이상 멀리 떨어져 있을 때는 8을 옆으로 뉘어 놓은 것 같은 춤을 추어요. 이때 양쪽 두 개의 원이 만나는 지점에서 직선 춤을 추는데, 여기에 먹이가 있는 곳까지의 거리와 방향을 알 수 있는 정보가 들어 있어요. 직선 춤을 천천히 오래 출수록 먹이가 있는 곳까지의 거리가 멀다는 뜻이고, 춤을 추는 자리에서 수직으로 그은 선과 춤을 추는 방향이 이루는 각도는 태양에서 먹이가 있는 곳까지의 각도를 뜻해요. 동료들은 정찰벌의 춤을 따라 추며 먹이가 있는 곳을 터득하지요.

　만일 여러분이 숲에서 나침반도 줄자도 없이 친구들에게 먹을 것이 있는 곳을 설명해야 한다고 생각해 보세요. 잘못 알려 주면 헛걸음을 하는 것은 물론 모두 굶주리게 되지요. 그래서 정찰벌은 먹이가 있는 곳까지 몇 번이고 왔다 갔다 해서 친구들에게 정확한 정보를 알려 준답니다. 놀랍지 않나요? 꿀벌이 성실하게 책임을 다하는 모습도, 거리와 방향까지 춤으로 정확하게 전달하는 모습도요.

언어만이 아니라 도구를 이용하는 것도 인간만이 가진 능력으로 손꼽히고는 했어요. 그런데 동물도 도구를 사용할 줄 안다는 사실을 제인 구달 박사가 처음 밝혀냈어요. 구달 박사는 1960년 스물여섯의 나이에 아프리카로 가서 야생 침팬지를 연구했어요. 그곳에서 침팬지가 나뭇가지를 흰개미 굴에 집어넣어 흰개미를 잡아먹는 걸 처음으로 관찰했답니다.

그로부터 십 년 후 일본의 학자들은 서아프리카에서 침팬지들이 돌을 이용해 껍질이 단단한 씨앗을 깨뜨려 먹는 걸 발견했어요. 크고 평평한 돌을 바닥에 깔고 그 위에 씨앗을 올려놓은 다음, 큰 돌을 망치처럼 사용하여 씨앗을 깨어 먹었어요. 이때 바닥에 깔린 돌이 기울어 있으면 작은 돌을 밑에 끼워 평평하게 만든 다음 씨앗을 깨뜨렸어요. 침팬지가 도구를 이용하는 수준이 꽤 높다는 걸 알 수 있지요.

흔히 인간에게만 있다고 잘못 생각하는 게 또 있어요. 바로 아름답고 훌륭한 감정이에요. 우리는 다른 사람의 아픔과 슬픔을 내 일처럼 여기는 따뜻한 마음을 높이 쳐주고 본받고 싶어 하지요. 또, 나만 생각하는 이기심을 넘어서 남을 돌볼 줄 아는 마음을 동물과 인간을 가르는 기준으로 삼기도 해요. 하지만 동물의 세계에서도 그처럼 아름다운 마음을 볼 수 있답니다.

고래는 몸이 불편한 동료를 결코 나 몰라라 하지 않아요. 다친 동료가 있으면 여러 마리가 둘러싸고 거의 들어올리듯 떠받치며 보살핍니다. 고래는 물에서 살지만 물 위로 몸을 내밀어 허파로 숨을 쉬어야 하는 포유동물이에요. 그래서 다친 동료가 있으면 기운을 차릴 때까지 숨을 쉴 수 있도록 이런 식으로 도와준답니다. 고래는 그물에 걸린 친구를 구하기 위해 그물을 물어뜯는가 하면, 다친 동료와 고래잡이배 사이에 용감하게 뛰어들어 사냥을 방해하기도 합니다. 때로는 무언가로 괴로워하는 친구 곁에 그냥 오랫동안 함께 있어 주기도 하고요. 이야기만 들어도 마음이 훈훈해지지요?

그렇게 몸과 마음을 다해 부모와 형제, 친구를 지켜 주려 해도 어쩔 수 없이 떠나보내야 하는 경우가 있지요. 그럴 때 인간은 깊은 슬픔에 잠겨 서럽게 웁니다. 슬픔이 너무 크면 오랫동안 괴로워하다 몸을 상하기도 하지요. 다른 동물은 어떨까요? 가까운 이의 죽음을 슬퍼하는 건 다른 동물도 마찬가지예요. 제인 구달 박사는 어미의 죽음을 슬퍼하다 숨을 거둔 어린 침팬지 이야기를 들려주었어요. 슬픔이 얼마나 컸으면 아무것도 먹지 못하고 어미 곁을 지키다 숨을 거두었을까요. 구달 박사는 어미 침팬지가 축 늘어진 자식의 시체를 차마 버리지 못하고 품에 안고 다니는 모습 또한 종종 보았답니다.

 죽음을 슬퍼하는 침팬지의 모습이 인간을 닮았다면, 코끼리의 경우는 죽은 이를 기억하는 방식이 좀 특이합니다. 코끼리는 다른 동물의 뼈에는 아무런 관심이 없지만 코끼리의 뼈를 발견하면 큰 관심을 보입니다. 긴 코로 뼈 냄새를 맡아 보기도 하고, 뼈를 이리저리 굴려 보기도 하지요. 때로는 오랫동안 들고 다니기

도 합니다. 뼈를 보고 죽은 어미를 떠올리기 때문이에요. 코끼리는 늘 신선한 물과 풀을 찾아다니는데, 도중에 어미의 머리뼈가 놓여 있는 곳에 들러 한참 동안 그 뼈를 굴리며 시간을 보내곤 합니다. 눈물도 한숨도 없지만, 코끼리가 죽은 어미를 얼마나 그리워하는지 가슴 깊이 느낄 수 있지요.

　인간은 동물과 다르다고 자꾸 선을 그으려 하지만, 동물의 세계를 들여다보면 볼수록 그 속에 자꾸 인간의 모습이 보입니다. 인간만이 가지고 있다고 내세우는 능력이 동물에게서 발견되는 것만 봐도 알 수 있지요. 물론 인간이 참으로 대단한 동물인 것은 사실이에요. 하지만 그 대단함은 인간이 혼자 스스로 만들어 낸 것이 아니에요.

그 옛날 바닷속에서 처음으로 생겨난 생명은 숱한 멸종의 위기를 넘기고 다채로운 모습으로 살아남아 생명의 기운이 가득한 아름답고 풍성한 지구를 이루었어요. 아주 작은 세균부터 이끼와 풀, 나무, 온갖 새와 벌레와 물고기, 원숭이 들에 이르기까지 지구에서 귀하지 않은 생명은 없어요. 인간은 그처럼 수많은 생명이 닦아 놓은 길 위를 걷고 있는 거예요. 그러니 생명 앞에서 우쭐할 게 아니라 고맙고 겸손한 마음을 가져야겠지요?

반려 동물들의 호소

아파트에서 살던 시절, 아들이 강아지를 키우게 해 달라고 몇 년을 졸랐어요. 아파트는 강아지가 살기에 좋은 장소가 아니라고 말렸지만, 아들이 몹시 원하는 바람에 한 마리를 구해 주었지요. 강아지 덕분인지는 몰라도 아들은 사춘기를 별 어려움 없이 보낸 것 같아요.

"저도 강아지 키우고 싶은데 엄마는 동물이 싫대요."

"저는 고양이가 좋은데 아빠가 절대 안 된대요."

여기저기서 동물을 키우고 싶어 하는 친구들의 하소연이 들리는 듯합니다. 동물을 귀여워하고 사랑하는 마음은 어른보다는 아이들이 훨씬 강한 것 같아요. 이것저것 재지 않기 때문이지요.

어른들은 동물을 키우는 데 따르는 여러 어려움과 불편함을 먼저 떠올리기 때문에 선뜻 결정을 내리지 못하는 경우가 많아요.

그럼에도 동물과 함께 살아가는 사람들이 부쩍 늘고 있어요. 젊은이건 노인이건 혼자 또는 둘이 단출하게 사는 집이 많아지면서 외로움을 덜어 보려고 동물을 키우기도 하고, 아이들에게 좋은 영향을 준다고 생각해 동물을 키우기도 합니다. 그런가 하면 그저 동물이 좋아서 키우는 사람도 있지요. 이유야 어떻든 나 같은 동물학자 입장에서는 동물을 찾는 사람들이 많다는 건 반가운 소식이에요. 인간과 동물이 그만큼 가까워지게 될 테니까요.

그런데 어찌 된 일인지 곳곳에서 동물들의 호소가 들려옵니다. 내게 무슨 신기한 재주가 있어 동물들의 말을 알아듣는 건 아니에요.

다만 동물을 좋아하고 동물에 대해 이것저것 많이 알다 보니 신문이나 텔레비전에서 동물에 대한 소식이 나오면 자연스레 그들의 입장에서 생각하게 되는 거랍니다. 그들의 입장에서 생각하다 보면 여기저기서 그들의 딱한 이야기가 들려옵니다. 지금부터 그 이야기를 전해 줄게요.

어느 날 텔레비전을 보는데 좁은 아파트에서 여러 마리의 개를 키우는 사람이 나왔어요. 그는 분명 개를 좋아하는 사람이었어요. 그러니 먹이고 씻기고 치우는 일을 귀찮아하지 않고 개들과 함께 사는 거겠지요. 그런데 사람은 행복할지 몰라도 개들은 행복해 보이지 않았어요. 비좁은 공간에서 개 여러 마리가 부대끼다 보니 스트레스를 많이 받는 것 같았어요. 그리고 개는 서열이 중요하기 때문에 약한 녀석은 아무래도 강한 녀석에게 시달림을 받기 마련이에요. 피할 곳 없는 좁은 아파트에서 매일같이 힘센 녀석과 부딪쳐야 한다고 생각해 보세요. 아마 정신 말짱하게 지내기 어려울 거예요. 그 사람은 좋은 마음으로 개를 키우고 있지만 개에게 고통을 주고 있는 거예요. 미처 개 입장에서 생각해 보지 못했기 때문이에요. 동물과 함께 살려면 무엇보다 동물의 마음을 헤아릴 줄 알아야 하는데 말이에요.

동물 키우는 집에 가 보면 가장 흔히 볼 수 있는 게 '개와 고양이'예요. 보통은 가족이 좋아하는 동물을 선택하는데, 여기에도 사람의 생각만 중요할 뿐 동물에 대한 이해가 빠져 있어 안타까워요. 질문 하나 할게요. 개와 고양이 중 이사할 때 데리고 가도 좋은 동물은 어느 쪽일까요? 개입니다. 개는 사회성이 강한 동물이라 사람과 잘 어울리고 새로운 환경에도 적응을 잘하는 편이에요. 하지만 고양이는 다릅니다. 고양이는 지나치게 가까이 있는 것보다 적당히 거리 두는 걸 좋아하는 독립적인 동물이에요. 게다가 머물던 장소에 대한 애착이 몹시 강합니다. 그러니 이사할 때 개는 데리고 가도 좋지만, 고양이는 이사 오는 사람에게 맡기는 게 나을 수 있어요. 물론 고양이를 아끼고 사랑해 줄 사람이어야 하겠지요. 그런 사람이 없다면 고양이를 데리고 가야 합니다. 그리고 이사하는 동안 스트레스를 받지 않도록 돌봐줘야 해요. 이사하고 나서도 새집에 적응할 수 있도록 세심하게 보살펴줘야 합니다.

개와 고양이를 키우면서도 이런 기본적인 특성조차 모르는 사람이 많아요. 개는 관계를 중시하는 동물이라 애교가 많고 충직하지요. 사람이 조금만 관심을 보여도 반갑게 꼬리 치는 동물이 개입니다. 그래서 동물과 자주 어울릴 수 있는 사람이 키우는 게 좋아요. 만약 사람 없는 빈집에 동물이 오랜 시간 있어야 한다면 개보다는 고양이가 낫습니다. 고양이는 가까이서 너무 많은 사랑을 주면 오히려 피하고, 적당한 거리를 두면 먼저 다가옵니다. 동물을 키우고 싶은데 관심을 많이 쏟을 수 없는 형편이라면 개보다는 고양이를 키우는 게 좋습니다. 다만 고양이는 제가 사는 곳을 중시하다 보니 이사를 자주 해야 하는 상황이라면 좀 더 깊이 생각해서 선택해야 합니다. 동물과 함께 살려면 이처럼 동물에 대한 기본 지식을 알아두어야 해요. 알아야 이해도 하고 배려도 할 수 있으니까요.

동물은 공장에서 찍어 내는 장난감이 아니에요. 인간처럼 먹고 자고 느끼고 사랑하고 생각할 줄 아는 생명입니다. 관심과 사랑을 주면 아주 잘 따르고 마음을 나누는 것도 가능하지요. 동물과 함께 지내는 친구는 알 거예요. 그들의 눈빛과 행동과 목소리에 얼마나 많은 감정과 생각이 담겨 있는지. 동물 역시 같이 사는 사람에 대해서는 성격은 물론 작은 버릇까지도 훤히 꿰고 있지요. 신기하지요? 말이 통하지 않는데도 마음이 통할 수 있다는 것이요. 이처럼 인간과 동물은 함께 살며 교감할 수 있고, 이를 통해 인간은 큰 기쁨을 얻고 위로를 받습니다.

요즘은 애완동물이라는 말을 쓰지 않고 반려동물이라는 말을 쓰지요. 그저 귀여워해 주고 심심할 때 데리고 놀 수 있다는 뜻의

　'애완동물'보다는 함께 살아가는 소중한 벗이라는 뜻의 '반려동물'이 옳은 말이에요. '반려'라는 말에는 동물을 귀여워하고 사랑하는 마음뿐 아니라 생명으로서 존중하는 마음이 담겨 있어요. 사람이 심심하고 외로울 때 곁에서 따뜻한 친구가 되어 주어 고맙다는 뜻도 담겨 있고요. 이런 반려동물을 물건 사고팔 듯 하거나 갖고 놀다가 싫증난 장난감처럼 함부로 버려도 되는 걸까요?

　사람 곁에서 사는 동물들에게는 많은 사연이 있어요. 그중에서도 버림받은 동물들의 이야기는 내 마음을 정말 아프게 합니다. 특히 여름철이면 피서지 곳곳에 버려지는 동물이 많습니다. 가족과 함께 여행 가는 줄 알고 좋아하던 동물은 낯선 곳에 버려진

뒤 두려움에 떨며 거리를 헤맵니다. 이건 생명에 대한 예의가 아니지요. 사람에게 좋은 점만 따져서 동물을 키우겠다고 하면 나는 말리고 싶습니다. 끝까지 함께하겠다는 마음이 아니라면 아예 키울 생각을 하지 않는 게 좋아요. 어떤 상황에서도 책임감을 가지고 함께 살아가겠다, '반려'라는 말에는 이처럼 중요한 뜻이 하나 더 담겨 있답니다.

아파트에 살 때 한 마리이던 강아지가 마당 있는 주택으로 이

사하면서 어느덧 열 마리로 늘었습니다. 열 마리 모두 닥스훈트로 같은 종이지만, 녀석들은 생김새도 성격도 다 다릅니다. 어떤 녀석은 눈치를 자주 살피고, 어떤 녀석은 천방지축 까불어 대지요. 내가 어떤 녀석을 더 많이 쓰다듬어 주면 옆에 있던 다른 녀석이 삐치고, 한 녀석을 눈에 띄게 예뻐하면 그놈은 나를 믿고 다른 강아지들에게 으르렁거립니다.

  사람이건 동물이건 함께 살다 보면 이렇게 속속들이 다 알게 됩니다. 그만큼 정도 깊이 들게 마련이고요. 저만치 대문 밖 발소리만 듣고도, 바람에 실려 온 냄새만 맡고도 녀석들은 한꺼번에 일어나 꼬리를 흔들며 나를 맞을 준비를 합니다. 일이 있어 집에

들어오지 못하는 날이면 하염없이 문을 바라보며 나를 기다리는 녀석도 있습니다.

녀석들과 나는 눈을 마주치고, 인사를 하고, 어루만지고, 마음의 대화를 나누며, 일상생활을 함께합니다. 서로의 삶이 아주 끈끈하게 연결돼 있지요. 그래서 말로만이 아니라 녀석들은 나의 '반려동물', 나는 녀석들의 '반려인'입니다. 우리는 서로 아끼고 사랑하며, 또 서로 고마워하며 쭉 함께 살아갈 거예요. 나는 여러분이 반려동물을 쇼핑하듯 고르지는 말았으면 해요. 동물을 사랑한다면 멋진 반려인의 자세에 대해 먼저 생각해 보기를 바랍니다.

새들아, 너희 잘못이 아니야

　나는 한국에 돌아온 뒤 1997년부터 까치를 연구하고 있어요. 까치의 행동과 울음소리 등 까치의 모든 것을 찬찬히 연구하고 그 결과물을 차곡차곡 쌓아서 까치 연구에서라면 우리나라가 으뜸이라는 소리를 듣고 싶어요. 이렇게 큰 꿈을 꿀 수 있는 건 우리네 조상 덕분이에요. 우리 선조들은 옛날부터 까치를 좋은 일을 가져다주는 새로 여겨 각별히 사랑했어요. 그래서 까치는 우리나라에서 사람 가까이 살게 되었지요. 사람 곁에 있어 자주 눈에 띄니 이처럼 연구하기에 좋은 조건이 없답니다.
　그런데 언제부터인가 까치를 원망하는 사람들의 목소리가 커지기 시작했어요. 까치 때문에 농촌에서는 과수원이 큰 해를 입

고, 도시에서는 정전 사고가 자주 일어난다는 거지요. 어떤 지방에서는 나쁜 일을 가져오는 새라며 까치를 사냥해도 좋다고 결정하기도 했어요. 사람에게 피해를 주면 앞뒤 가리지 않고 동물을 멀리 쫓아 버리거나 죽여도 괜찮은 걸까요? 그런다고 문제가 해결되는 걸까요?

까치는 원래 잡식성 동물이라 과일도 먹지만, 과일을 가장 좋아하는 건 아니에요. 과일이 까치에게 영양 면에서 가장 중요한 음식도 아니고요. 오히려 곤충을 비롯한 작은 동물이 까치의 주식이고, 과일은 후식이라 할 수 있어요. 그런데 사람들이 농약을 너무 많이 사용하는 바람에 곤충이 줄어들다 보니 까치의 먹이도 줄어들게 된 거예요. 까치는 먹을 것이 부족해서 과수원을 넘본 것이지 과일이 더 좋아서 그런 것은 아니에요.

전기가 끊어지는 사고만 해도 그래요. 까치가 전봇대에 둥지를 틀기 때문에 문제가 생긴 것은 맞아요. 하지만 까치가 전봇대를 좋아해서 그곳에 집을 짓는 것은 아니에요. 가지라고는 전깃줄밖에 없는 전봇대가 까치에게 결코 좋은 집터일 리 없어요. 사람들이 나무를 너무 많이 베어 내는 바람에 집 지을 곳이 마땅치 않자 까치는 아쉬운 대로 전봇대를 찾아낸 거예요.

까치집은 아래에서 볼 때와 달리 실제로 올라가서 보면 꽤 큽니다. 까치가 크고 우람한 나무를 골라 둥지를 트는 이유입니다. 예전에는 굵은 가지들이 사방으로 뻗은 늠름한 나무에는 으레 까치집이 있었어요. 그런 나무가 많이 잘려 나가자 까치집이 전봇대로 옮겨간 거예요. 어디 전봇대뿐인가요? 건물 옆에 겨우 붙어 있는 간판 뒤, 사람 손이 닿는 아파트 베란다 곁에도 까치집이 있습니다. 오죽이나 집 지을 곳이 없으면 이처럼 위태로운 곳에 집을 지을까요?

　인간은 까치 때문에 피해를 보았다고 아우성이지만, 큰 해를 입은 쪽은 오히려 까치랍니다. 인간 때문에 살 곳도 먹을 것도 줄어들었으니 말이에요. 사실 인간이 당한 피해의 진짜 이유는 따로 있다고 보아야 합니다. 까치 때문이 아니라 눈앞의 이익만 좇는 인간의 짧은 생각이 화를 부른 셈이에요. 함부로 농약을 쓰고 나무를 베어 낸 것이 이런 결과를 가져올 줄은 미처 몰랐을 테지요. 그러니 까치가 당장 해를 입혔다고 쫓아 버리거나 잡아 없애는 것은 바람직한 해결책일 수 없어요.

　그럼 까치도 살고 인간도 사는 좋은 방법은 없을까요? 시간을 갖고 모든 생명이 함께 살아갈 방도를 찾는다면 길은 언제나 열려 있답니다. 이 과정에서 지역과 나라의 살림을 맡은 사람들이 과학자에게 도움을 청한다면 더할 나위 없이 좋겠어요. 실제로 까치 때문에 피해가 컸던 나주의 어느 배 농장은 동물학자의 도움을 얻어 문제를 멋지게 해결했답니다.

　그 농장은 까치 때문에 생긴 피해를 줄여 보겠다고 둥지를 털어 내거나 까치를 죽이지 않았어요. 대신 배 조각에 구토와 배탈을 일으키는 물질을 넣어 까치들에게 먹인 뒤 어떤 변화가 있는

지 관찰했어요. 놀랍게도 그 뒤로 까치들은 배를 거의 먹지 않았어요. 과수원에서 손쉽게 쪼아먹을 수 있는 배는 거들떠보지도 않고, 오히려 과수원에 있는 온갖 해충을 잡아먹어 수확을 늘리는 데 큰 도움을 주었어요. 도시의 정전 사고 문제도 이처럼 자연과 생명의 눈으로 넓게 바라보고 풀어 간다면 좋은 해결책이 나오지 않을까요?

말을 할 줄 안다면 억울함을 호소하고 싶은 동물이 까치만 있는 것은 아닐 거예요. 우리나라는 조류 독감이 의심된다는 신고가 들어오면 농장의 닭들을 모두 땅에 파묻습니다. 마치 닭장 전체를 통째로 끌어다 묻는 것과 같아요. 조류 독감에 걸렸건 걸리지 않았건 닭들은 하루아침에 산 채로 땅에 묻히는 신세가 됩니다. 닭들로서는 이런 날벼락이 없지요.

그렇게 잔인하게 파묻는다고 조류 독감이 번지는 것을 금방 막을 수 있는 것도 아니에요. 조류 독감은 한번 발생하면 빠르게 번져서 '소 잃고 외양간 고치는 격'일 때가 많아요. 그런데도 정부에서는 번번이 산목숨을 죽이는 방식으로 문제를 해결하려 듭니다. 그러고는 엉뚱하게도 철새 탓을 합니다. 철새가 조류 독감을 옮겼다고 말이에요.

잘 생각해 보세요. 온 나라에 감기 바이러스가 유행한다고 모든 사람이 감기에 걸리는 것은 아니에요. 바이러스의 특성을 잘 알아서 대비하면 감기에 걸리지 않고 무사히 지나갈 수 있어요. 그래도 감기에 걸리는 사람이 있는데 주로 노인과 어린이, 몸이 약한 사람이에요. 건강한 사람도 피로가 쌓여 몸이 안 좋으면 감기에 걸릴 수 있어요. 이들의 공통점은 바이러스가 몸에 들어왔을 때 싸워 물리칠 수 있는 힘이 약하다는 거예요.

마찬가지로 조류 독감 바이러스에 맥없이 당하는 이유는 닭들이 약하기 때문이에요. 약해 빠진 닭들이 떼를 지어 모여 있으니 바이러스에게 이처럼 만만한 대상이 없는 거예요. 인간은 오랫동안 알을 잘 낳는 닭만 골라서 길러 왔어요. 그 바람에 닭들은 거의 복제 닭 수준으로 유전자가 다양하지 못해요. 생명의 세계에서 유전자가 다양하지 못하면 살아남기 힘들어요. 한 마리가 병에 걸려 죽으면 모두 같은 병으로 죽을 수도 있기 때문이에요.

닭은 유전자가 다양하지 않을 뿐 아니라 사는 환경도 아주 나빠요. 비좁은 철망에 빽빽이 들어차 있는 닭들은 고기나 알을 얻기 위한 용도로 키워지고 있어요. 고기용 닭들은 성장 호르몬제가 들어간 사료를 먹고 비정상적으로 빨리 큽니다. 알을 얻기 위한 닭들은 산란 촉진제가 들어간 사료를 먹고 밤낮없이 알을 낳습니다. 이렇게 나쁜 환경에서 스트레스를 받으며 사는 닭들이

건강할 리 없지요.

 인간은 닭에게서 조류 독감 바이러스의 공격에 맞서 싸울 수 있는 힘을 빼앗아 버렸어요. 그러고는 닭이 조류 독감에 걸리면 땅에 묻어 버립니다. 지혜롭지 못한 행동이지요. 철새가 조류 독감을 퍼뜨린다고 탓하는 것도 이치에 맞지 않아요. 오히려 조류 독감 바이러스가 활개를 치면 우리나라를 찾는 철새에게 큰 위협이 될 수 있어요. 증거도 없이 철새에게 잘못을 뒤집어씌울 게 아니라, 멀리 보고 건강한 닭을 키울 수 있는 방법을 찾아야 해요.

 까치와 철새가 내 변호를 듣는다면 속이 좀 후련해질까요? 동물학자이건만 동물의 말을 알아듣지 못하고, 동물의 말을 할 줄 모른다는 게 몹시 안타깝습니다. 인간을 대표해서 그들에게 잘못을 털어놓고, 미안하다며 사과도 하고, 앞으로 어떻게 고쳐 나갈지 약속도 하고 싶은데 말이에요. 말로 전할 수는 없지만 행동으로 보여 줄 수는 있지요. 여러분에게 이렇게 동물들을 위한 변명을 하는 것도 나에게는 작은 실천입니다. 부디 동물들을 위한 변명이 나에게서 여러분에게로, 여러분에게서 또 다른 사람들에게로 널리 널리 퍼져 나가기를 바랍니다.

생명의 그물을 함부로 끊지 말아요

　1907년 미국 정부는 한 해 동안 늑대 1,800마리와 코요테 2만 3,000마리를 잡아 죽였어요. 그 동물들이 인간뿐만 아니라 다른 약한 야생 동물에게도 해를 끼치기 때문에 죽여도 괜찮다고 생각했어요. 늑대와 코요테뿐만이 아니에요. 퓨마와 곰처럼 날카로운 이빨과 발톱을 지닌 동물은 토끼나 사슴 같은 초식 동물에게 위협을 준다고 생각해 아무런 거리낌없이 죽였어요. 다른 동물을 잡아먹고 사는 포식 동물은 없어져야 할 악당처럼 여겨졌어요.
　그렇다면 약하고 순한 동물들에게 악당이 사라진 자연은 천국이었을까요? 카이밥 고원에서 있었던 일이 그에 대한 답이 될 것 같네요. 미국의 그랜드 캐니언 북쪽에 있는 카이밥 고원에는 1906년에 약 4,000마리의 검은꼬리사슴들이 살고 있었어요. 이곳에서도 악당을 없애는 작업이 시작되어 25년 동안 퓨마, 늑대, 코요테, 스라소니 등이 무려 6,000마리나 사라졌어요. 포식 동물이 확 줄어들자 1923년에는 검은꼬리사슴이 6~7만 마리까지 늘어났어요. 그런데 어찌 된 일인지 그 뒤로는 사슴의 수가 갈수록 줄어들었어요. 1931년에는 2만 마리로, 1939년에는 1만 마리로…….

사슴은 왜 갑자기 늘어났다가 갑자기 줄어들었을까요? 사슴이 갑자기 늘어난 이유는 쉽게 짐작할 수 있을 거예요. 사슴을 잡아먹는 포식 동물이 사라졌으니 자연스럽게 사슴의 수가 늘어난 겁니다. 그럼 사슴은 왜 계속 늘지 않고 줄어들기 시작했을까요? 사슴이 너무 많아지자 먹이가 부족해졌기 때문이에요. 먹이가 모자라니 굶어 죽는 사슴이 늘어날 밖에요. 굶주린 사슴들은 먹을 것을 찾다 찾다 식물의 어린싹까지 먹어 치웠어요. 식물이 제대로 자라지 못하면 먹을 것이 더 줄어들 텐데도 사슴들은 당장 주린 배를 채우는 게 급했어요.

인간은 늑대나 코요테 같은 악당이 없어지면 카이밥 고원이 평화로운 낙원이 될 거라고 생각했어요. 그런데 그 예측은 보기

좋게 빗나갔어요. 사나운 포식 동물이 사라진 카이밥 고원은 검은꼬리사슴들에게도 결코 살기 좋은 곳이 아니었어요. 늑대 같은 포식 동물이 있어서 검은꼬리사슴은 카이밥 고원에서 굶어 죽지 않고 살아갈 만큼 적당한 수를 유지할 수 있었어요. 그런데 포식 동물이 사라지자 저희끼리 먹이를 두고 경쟁이 심해졌어요. 인간은 먹고 먹히는 자연의 세계에 끼어들어 그 질서를 마음대로 바꾸어 보려 했지만 결국 성공하지 못했어요.

그 뒤 미국의 과학자들은 만일 바다에서 카이밥 고원과 비슷한 일이 벌어진다면 어떤 결과가 나올지 궁금했어요. 그래서 한 가지 실험을 해 보기로 했습니다. 과학자들은 먼저 바위가 있는 바닷가 물웅덩이에 야외 실험장을 차렸어요. 물웅덩이에는 불가사리와 따개비, 홍합, 삿갓조개, 달팽이 등과 갖가지 해조류가 살고 있었어요.

불가사리는 카이밥 고원의 늑대나 코요테에 견줄 만한 바다의 포식 동물입니다. 녀석들은 워낙 먹성이 좋아 여러 가지 동물을 가리지 않고 잡아먹어요. 저보다 약한 동물을 닥치는 대로 잡아먹는 불가사리를 없애면 다른 바다 생물이 평화롭게 살 수 있지 않을까요? 그러면 바다에 좀 더 많은 생물이 터를 잡지 않을까요?

과학자들은 실험을 시작하면서 바닷속 악당인 불가사리를 보이는 대로 없애 버렸어요. 6개월쯤 지나자 불가사리가 사라진 물웅덩이에서 새로운 따개비 종이 자리를 잡기 시작했어요. 그러다 점차 홍합이 늘더니 마침내 다른 생물과 비교할 수 없을 정도로 많아졌어요. 홍합은 바위에 들러붙어 사는데, 그 수가 많아지니 홍합 한 종이 바위를 몽땅 차지해 버린 거예요. 그러자 해조류는 한 종만 빼고 모두 자취를 감추어 버렸어요. 해조류가 없어지니 그걸 먹고 살던 생물도 잇달아 사라졌어요. 처음에 열다섯 종이던 바다 생물은 여덟 종으로 줄어들었어요.

흉악한 포식 동물인 불가사리만 없애면 다른 생물은 안전한 환경에서 번성할 줄 알았는데, 결과는 그게 아니었어요. 오히려 홍합 같은 번식력 좋은 몇몇 종이 물웅덩이를 차지하고 수가 적은 희귀종을 밀어내 버렸어요. 알고 보면, 희귀종 동물은 불가사리가 홍합 같은 동물을 잡아먹으니 그나마 기를 펴고 살 수 있었던 거예요. 불가사리는 희귀한 동물도 간혹 잡아먹었을 테지만, 홍합 같은 흔한 동물을 더 많이 먹어 치웠을 테니까요.

과학자들은 실험을 통해 자연의 질서가 아주 오묘하다는 사실을 깨달았어요. 불가사리 같은 무서운 포식 동물이 약하고 희귀

119

한 동물도 살아갈 수 있는 풍요로운 바다를 만든다니! 인간은 섣불리 쓸모없을 거라고 판단했지만, 불가사리 또한 바다에서 없어서는 안 될 소중한 생명이었어요. 카이밥 고원에서 늑대와 코요테가 그랬던 것처럼요.

그런데 미국에서 악당 대접을 받은 동물이 또 있었어요. 이번에는 덩치가 아주 작은 곤충이었습니다. 1940년대 샌프란시스코 북쪽 클리어 레이크(Clear Lake)에서 있었던 일이에요. 클리어 레이크는 이름처럼 맑은 호수가 있는 곳이어서 관광지로 인기를 끌었어요. 그런데 관광을 온 사람들이 날파리가 많아 성가시다며 불평을 했어요.

그 마을 사람들은 대책 회의를 열었습니다. 그들은 날파리를 없애기 위해 호수에 살충제를 뿌리기로 했어요. 무는 곤충도 아니고 사람을 좀 귀찮게 할 뿐인데, 아예 날파리의 씨를 말리기로 작정한 거예요. 처음 살충제를 조금 뿌렸을 때에는 기적 같은 효과가 있었어요. 날파리가 모조리 죽은 것 같았어요. 그러나 기적은 잠시, 더 성가신 날파리가 나타나서 사람을 더 귀찮게 했어요. 이에 질세라 사람들은 살충제를 더 뿌렸어요. 날이 갈수록 날파리는 더 강해졌고, 그에 따라 사람들은 살충제를 더 많이 뿌렸어요.

그러던 어느 날, 물고기들이 호수 위에 허연 배를 드러낸 채 둥

둥 뜨기 시작했어요. 무슨 일인지 곧이어 논병아리가 떼죽음을 당했어요. 죽은 동물의 몸을 검사해 보니 상상하기 어려울 만큼 살충제가 많이 쌓여 있었습니다. 싹 없애려던 날파리는 살충제를 견디는 힘이 날로 세져서 기세등등하게 살아남고, 날파리를 먹이로 삼는 물고기와 물고기를 먹고 사는 새들만 애꿎게 죽어 나간 거예요. 살충제는 정작 날파리에게는 별 영향을 주지 못하고, 맑고 아름다운 호수를 죽음의 호수로 바꾸어 놓고 말았어요.

자연에서 생명은 마치 그물처럼 이어져 있어요. 카이밥 고원에서는 늑대와 검은꼬리사슴과 식물의 싹이, 바닷속에서는 불가사리와 따개비와 홍합과 갖가지 해조류가, 클리어 레이크에서는 날파리와 물고기와 논병아리가 줄줄이 연결되어 있지요. 각각의 생명은 그물에서 한 코를 차지할 뿐인데, 그물 한 코가 망가지면 그와 연결된 다른 그물코들이 줄줄이 영향을 받습니다.

그러므로 수많은 생명이 오랜 시간에 걸쳐 함께 짜 내려온 생명의 그물을 함부로 끊어서는 안 돼요. 생명의 그물은 인간이 상상하는 것보다 훨씬 복잡하고 거대합니다. 잘못 건드리면 그 영향이 어떻게 나타날지 아무도 알 수 없어요. 재앙이 닥친 뒤에야 원인을 추측할 수 있을 뿐이에요. 그런데 생명의 그물에서 한 코를 차지할 뿐인 인간은 지금도 생명의 그물에 마음대로 손을 대고 있어요. 카이밥 고원에서, 클리어 레이크에서 아직도 교훈을 제대로 얻지 못한 거예요.

나는 자연의 속살을 들여다보는 과학자로서, 또 한 사람의 인간으로서 생명의 그물을 오롯하게 지켜 내는 것이 우리 스스로를 지키는 길임을 사람들이 하루빨리 깨닫게 되기를 간절히 바랍니다.

제돌이의 꿈은 바다였습니다

 가족 나들이나 체험 학습으로 동물원에 가 본 적이 있지요? 아마 동물원으로 향하는 여러분의 두 눈은 호기심으로 반짝반짝 빛나고, 마음은 기대감으로 마구 부풀어 올랐을 거예요. 책이나 텔레비전으로만 보던 동물들을 직접 눈으로 볼 수 있으니 얼마나 신이 나겠어요. 어릴 적에 나도 그랬답니다. 그런데 나는 동물원의 동물들을 보면 마음 한구석이 무거웠어요. 즐거워하는 쪽은 구경 온 사람들이고, 동물들은 하나도 즐거워 보이지 않았거든요. 어린 나이에도 동물원의 동물들이 행복해 보이지 않아 마음이 불편했던 것 같아요.
 동물원에 가 보면 마음속으로 기대하던 동물의 모습과 동물

원의 동물 모습이 많이 다르다는 걸 알 수 있어요. 텔레비전에서는 눈에서 불이라도 뿜을 것처럼 용맹스럽던 호랑이가 맥없이 드러누워서 잠만 자기 일쑤입니다. 드넓은 숲에서는 나무타기, 구멍파기, 물고기잡기 선수인 곰이 그저 8자를 그리며 왔다 갔다만 하지요. 밀림에서는 나무 사이를 오가며 친구들과 시끄럽게 떠드는 장난꾸러기 원숭이가 동물원에서는 시멘트 기둥만 자꾸 오르락내리락합니다. 이처럼 동물원의 동물들은 행동이 자연스럽지 못할 때가 많아요.

그도 그럴 것이, 동물원의 동물들은 자신이 살던 곳보다 훨씬 좁은 공간에 갇혀 사람이 주는 먹이를 먹고, 사람이 정해 주는 상대와 짝짓기를 합니다. 무리 지어 어울려 살아야 하는 동물이 혼자 떨어져 지내는 경우도 있어요. 동물원에서는 놀고, 먹고, 자손을 남기기 위해 짝을 찾는 일 따위를 동물 스스로의 힘으로 할 수 없어요. 이런 환경에서는 사자가 사자답게, 곰이 곰답게 살아갈 수 없을 뿐만 아니라 동물들이 건강하게 살기도 힘듭니다.

그래서 전 세계 동물보호단체에서는 동물원이 '사람들의 재미'를 위해서가 아니라 '동물들의 행복'과 멸종 위기에 있는 '동물 종의 보전'을 위해 힘써야 한다고 오랫동안 목소리를 높여 왔어요. 우리나라에서도 동물들이 건강하고 행복하게 살아갈 권리

가 있다는 생각이 차츰 퍼졌어요. 그래서 예전 같으면 크게 눈길을 끌지 못했을 사건이 사람들의 뜨거운 관심거리가 되었지요. 바로 서울대공원에 있던 돌고래 제돌이를 제주 바다로 돌려보낸 일이었어요.

　2012년 3월 12일 박원순 서울시장은 경기도 과천에 있는 서울대공원으로 달려갔어요. 그곳에 있는 돌고래 중 한 마리가 몇

년 전 제주 바다에서 어민들에게 잡힌 뒤 어쩌다가 서울대공원으로 옮겨져 돌고래 쇼에 이용된 사실이 밝혀졌기 때문이에요. 이름이 제돌이인 그 돌고래는 남방큰돌고래로 멸종 위기 종에 속해요. 그러니 함부로 잡아서는 안 되고 쇼 같은 데 내보내서도 안 되는 거였어요. 바다에서 하루에 무려 100킬로미터 이상 헤엄쳐 다니던 제돌이는 법을 어긴 사람들에게 잡혀 와서 동물원의 비좁은 수조에 갇히는 신세가 되었어요. 게다가 온갖 스트레스를 받으며 사람들 앞에서 묘기를 부려야 했지요. 동물을 사랑하는 사람들은 제돌이를 바다로 돌려보내야 한다고 한목소리를 냈어요. 박원순 시장은 그 목소리를 받아들여 서울대공원에 있는 제돌이를 하루라도 빨리 바다로 돌려보내겠다고 약속했어요. 곧 '남방큰돌고래 야생 방류를 위한 시민위원회'가 꾸려졌어요. 나는 그 위원회의 위원장으로 뽑혀 15명의 전문가들과 함께 우리나라 역사상 처음으로 우리가 잡은 야생 동물을 고향으로 돌려보내는 멋진 일을 하게 되었답니다.

그런데 제돌이를 풀어 주는 일은 간단하지가 않았어요. 거의 3년 동안 동물원 수조에 갇혀 살던 제돌이를 망망한 바다에 무작정 풀어 줄 순 없는 노릇이었어요. 그동안 사육사들에게 죽은 생선이나 받아먹던 제돌이가 스스로 물고기를 사냥할 수 있을지,

춥고 파도가 거센 바다에서 견딜 수 있을지, 다른 돌고래들과 잘 지낼 수 있을지, 그리고 혹시 제돌이가 다른 돌고래들에게 무서운 전염병이나 옮기지는 않을지, 살펴야 할 일이 한두 가지가 아니었어요. 우리는 우선 제돌이가 물고기를 사냥할 수 있도록 훈련했어요. 아울러 바다로 돌려보내도 될지 녀석의 행동과 건강 상태를 꼼꼼히 관찰했어요.

 그러던 중 제돌이와 함께 잡힌 네 마리의 남방큰돌고래 삼팔이, 춘삼이, 태산이, 복순이도 풀어 주라는 법원의 판결이 나왔어요. 녀석들은 제주의 한 관광 업체에서 돌고래 쇼에 이용되고 있었어요. 우리는 곧 제주도로 날아가 녀석들을 돌고래 쇼에서 구출해 냈어요. 그런데 네 마리 중 삼팔이와 춘삼이는 건강한 편이었지만, 태산이와 복순이는 사람을 무서워하고 잘 먹지도 않았어요. 빠른 결정이 필요했어요. 우리는 현장에서 여러 차례 모임을 가진 뒤 삼팔이와 춘삼이는 곧바로 성산 앞바다에 마련한 가

두리로 보내고, 태산이와 복순이는 서울대공원으로 옮겨 돌보기로 했어요. 건강 상태가 좋지 않은 돌고래들을 오랜 시간 배로 옮기는 것은 무척 위험한 일이라서 비행기를 이용하기로 했어요. 다행히 아시아나항공에서 반값에 비행기를 내주어 두 녀석을 무사히 서울로 데려올 수 있었어요.

2013년 5월 제돌이는 1년 2개월 남짓의 훈련을 마치고 사람들의 환호 속에 비행기를 타고 무사히 성산항에 도착했어요. 성산항에 도착한 제돌이는 바다에 커다란 그물을 쳐 놓은 가두리 안에서 야생 적응 훈련을 받고 있는 삼팔이와 춘삼이를 만났어요. 처음에는 춘삼이와 삼팔이가 제돌이를 따돌리는 것처럼 보였는데, 다행히 셋은 금세 친해졌답니다.

　얼마 후 제돌이와 춘삼이는 더 깊은 바다에 익숙해지도록 김녕 앞바다에 있는 가두리로 옮겨졌어요. 그곳에서 3주 동안 제주 바다를 좀 더 생생하게 경험한 뒤, 드디어 7월 18일 녀석들은 자유의 몸이 되었어요. 제돌이와 춘삼이가 사람들에게 잡힌 지 무려 1539일 만의 일입니다. 그런데 같이 있던 삼팔이는 어떻게 되었냐고요? 성산 가두리에 있을 때 파도에 찢긴 그물 사이로 혼자서 유유히 빠져나갔답니다. 녀석이 제일 먼저 자유의 몸이 된 셈인데, 다행히도 제주 바다에 잘 적응하고 있는 모습이 확인되었어요.

　나는 제돌이가 자유의 몸이 된 7월 18일을 '제돌절'이라 부릅니다. 7월 17일이 무슨 날이죠? 대한민국의 헌법을 만들어 널리 알린 날, 바로 제헌절입니다. 여러분도 제헌절 다음 날은 제돌절이라 기억하고 함께 축하해 줘요. 2013년에 아쉽게도 제돌이와 함께 제주 바다로 돌아가지 못하고 서울대공원에 남아 있던 태산이와 복순이도 2015년 제돌절에 드디어 제주 바다에서 친구들과 만났어요. 사람들에게 받은 상처가 아무는 데 다른 세 마리보다 훨씬 긴 시간이 필요했나 봐요.

꿈을 이룬 제돌이는 지금 춘삼이, 삼팔이, 복순이, 태산이와 함께 제주 바다에서 잘 살고 있습니다. 이 다섯 마리 중 춘삼이, 삼팔이, 복순이가 암컷이고 제돌이와 태산이는 수컷이에요. 그런데 2016년에는 제주대와 이화여대 돌고래 연구진이 춘삼이와 삼팔이가 새끼를 낳아 기르고 있는 모습을 확인했어요. 유명한 생태 잡지 〈내셔널 지오그래픽〉은 '세계 최초'라며 이를 널리 알렸습니다. 나는 이때 우리의 돌고래 야생 복원 사업이 완벽하게 성공했다고 자신 있게 밝혔습니다. 가둬 기르던 야생 동물이 자연으로 돌아가 새끼까지 낳아 기르고 있다면 이보다 더 확실한 증거가 어디 있겠어요? 그래서인지 세계 여러 동물 보호 단체들이 우리의 방식을 따라 돌고래를 풀어 주기 시작했습니다.

지금 제주도에서는 돌고래 생태 관광이 무척 인기를 끌고 있습니다. 우리는 제돌이와 친구들을 풀어 주기 전 녀석들이 아프지 않도록 조심스레 등지느러미에 번호를 새겨 주었어요. 그래서 배를 타고 바다로 나간 사람들은 수십 마리의 돌고래 사이에서 제돌이와 친구들을 쉽게 알아봅니다. 돌고래들이 물을 박차고 뛰어오를 때 등지느러미에 새겨진 번호를 보고요. 1번은 제돌이, 2번은 춘삼이입니다. 아쉽게도 삼팔이는 달아나 버리는

바람에 번호를 새겨 주지 못했어요.

어른 아이 할 것 없이 뱃전에서 합창으로 "제돌이다!", "춘삼이다!"라고 외칠 때 나는 소름이 돋을 정도로 행복합니다. 내가 세상에 태어나서 한 일 중 가장 보람 있는 일 같습니다. 생물학자가 된 것이 자랑스럽습니다. 사실 돌고래들이 수족관에서 보여 주는 묘기는 자연에서 늘 하는 행동입니다. 사람이 재주를 가르쳐서 된 게 아니에요. 본디 하는 행동을 일부러 굶긴 다음 먹을 걸 조금씩 주면서 사람들이 원하는 대로 길들이는 것뿐이지요. 이 과정에서 돌고래들은 엄청난 스트레스를 받습니다.

돌고래를 보고 싶다면 이제 우리가 바다로 나가면 됩니다. 처음 갔을 때에는 돌고래들이 아무 묘기도 보여 주지 않을지 몰라요. 그 묘기가 꼭 보고 싶으면 다음에 또 찾아가면 돼요. 몇 번 찾다 보면 어느 날 드디어 돌고래들의 묘기를 구경할 수 있을 거예요. 그러면 환호하고 돌아가서 친구들에게 자랑하면 됩니다. 돌고래를 가둬 놓고 쇼를 즐기는 것보다 이쪽이 훨씬 자연스럽지 않은가요?

제주 김녕항에는 돌고래들을 풀어 준 일을 기념하는 비가 세워졌어요. 시민위원회에서는 위원장인 내게 글을 써 달라고 부탁했습니다. 조금 쑥스럽긴 했지만 영광으로 생각하고 글귀를

써 보냈습니다. 여러분이 제돌이를 만나러 제주도에 가면 내 글씨체로 새겨진 어른 키보다 큰 기념비를 볼 수 있을 거예요. 거기에는 이렇게 적혀 있습니다. '제돌이의 꿈은 바다였습니다'라고요. 나는 이 글귀를 떠올리며 동물원의 동물들을 생각했고, 그들의 간절한 꿈을 헤아려 보았습니다. 무작정 동물원을 없앨 수 없다면 그들의 꿈, 그들의 행복에 관심을 갖고 동물원의 환경을 바꾸어 나가는 것부터 시작해야겠지요. 여러분이 제돌이의 꿈을 가슴으로 느꼈다면 동물원에 가서 동물과 눈을 맞출 때 재주 부릴 것을 기대하기보다 먼저 이렇게 속삭여 보면 어떨까요? "너희들이 행복해졌으면 좋겠어!"라고요.

생명이 살아 숨쉬는 작은 지구, 국립생태원

2013년 10월부터 2016년 12월까지 나는 충청남도 서천에 있는 국립생태원의 초대 원장으로 일했습니다. 금강 건너 남쪽 전라북도 군산에서 단군 이래 최대 규모의 새만금 간척 사업이 진행되는 걸 보고 서천 주민들은 갯벌을 메워 공장을 지어 달라며 농성했어요. 그러나 환경부는 더 이상 소중한 갯벌을 훼손할 수 없다며 서천군에 '국립해양생물자원관'과 생태산업단지에 덧붙여 '국립생태원'을 만들어 주기로 했습니다. 2008년 나는 환경부의 요청으로 국립생태원 건립 계획을 총지휘했고, 건립 후에는 초대 원장을 맡아 국립생태원이 튼튼하게 자리를 잡을 수 있도록 힘썼습니다.

국립생태원의 전체 면적은 거의 100만 제곱미터에 이릅니다. 축구장 94개를 합친 넓이예요. 원래 논이었던 곳을 복원해 생물의 터전인 습지를 만들고 그 옆에 초현대식 실내 전시관 '에코리

움'을 지었어요. 에코리움은 열대관, 사막관, 지중해관, 온대관, 극지관, 이렇게 세계 5대 기후 생태계를 재현한 전시 시설로 되어 있어요.

　열대관은 높이가 35미터나 되는 거대한 돔 구조인데 그 안에 들어가면 후텁지근한 열대 우림을 경험할 수 있어요. 금방이라도 어디선가 "아아~ 아아~~"하며 타잔이 덩굴을 타고 내려올 듯한 곳이에요. 축축한 열대관을 빠져나오면 커다란 선인장이 기다리는 사막관이 나와요. 세상에서 제일 예쁜 동물 사막여우도 있고 귀여운 프레리도그도 있어요. 지중해관의 문을 열면 그 윽한 향내가 코를 간지럽혀요. 온갖 향기로운 식물들이 꽃을 피우고 있고 아프리카 마다가스카르 섬에서나 볼 수 있는 바오밥나무도 있어요. 동화〈어린 왕자〉에 나오는 그 나무 말이에요. 온대관에 가면 화산 지형의 특성을 간직한 제주의 숲 '곶자왈'을 볼 수 있고, 마지막으로 극지관에는 남극에서 온 펭귄들이 여러

  분을 맞이합니다. 에코리움을 한 바퀴 돌고 나면 마치 세계 일주를 한 것 같은 기분이 들어요. 그래서 그곳을 '작은 지구'라고 부릅니다.

  에코리움에서 절대 빼놓을 수 없는 곳은 단연 '개미세계탐험전'이 열리고 있는 특별전시관입니다. 가시개미, 광택불개미, 왕개미 등 우리나라 개미들은 물론 그 유명한 잎꾼개미와 푸른베짜기개미를 야생에서 사는 모습 그대로 볼 수 있어요. 나뭇잎을 자르는 곳에서 버섯 농장까지 무려 10미터나 되는 유리 통로를 따라 잎꾼개미들이 이파리를 물고 행군하는 모습은 그야말로 장관입니다. 잎꾼개미 전시는 세계적인 자연사박물관과 과학관에서 다 하고 있지만 국립생태원의 전시는 세계 최대 규모입니다.

땅 속에 굴을 파고 사는 대부분의 개미와 달리 나무 위에서 이파리를 엮어 방을 만들고 그 안에 들어가 사는 푸른베짜기개미는 현재 전 세계에서 오로지 국립생태원에서만 전시되고 있습니다. 오스트레일리아 북부 지방에서 데려온 푸른베짜기개미 수백 마리가 동시에 이파리를 끌어당겨 방을 만드는 모습은 감탄을 자아냅니다. 이렇듯 국립생태원의 개미 전시는 아시아는 물론 세계 어디서도 볼 수 없는 최고 수준의 전시입니다.

　요즘 해외에서 불법으로 들여온 야생 동물을 기르는 사람들이 꽤 많습니다. 동물을 태어나 살던 곳에서 먼 곳으로 데려가는 일은 대개 불법이기도 하고 매우 잔인한 일입니다. 여러분이 누군가에게 납치돼 생전 보지도 못한 곳으로 끌려간다고 상상해 보세요. 그래서 이런 동물들을 위해 국립생태원에 에코케어센터를 만들었어요. 불쌍한 동물들에게 보금자리를 내어주다 보니 어느덧 에코케어센터에는 비단원숭이, 늘보원숭이, 흰손긴팔원숭이, 검은손긴팔원숭이, 노란뺨볏긴팔원숭이 등 다양한 영장류들이 살고 있어요. 특히 긴팔원숭이들을 위해서는 멋진 야외 놀이터를 만들어 주었어요. 여러분이 가 보면 철창 안에 갇혀 있지 않고 야외에서 자유롭게 뛰노는 긴팔원숭이들을 보게 될 거예요. 낯선 곳에서 두려움에 떨었을 동물들이 건강하고 행복하게 사는 모습을 보는 것만큼 뿌듯한 일도 없을 거예요.

독일 하이델베르크에 가면 '철학자의 길'이라는 게 있습니다. 그 길을 따라 걸으며 철학자의 삶과 가르침을 음미해 볼 수 있는데요. 거기서 아이디어를 얻어 국립생태원에도 '생태학자의 길'을 만들었어요. 자연과 생명의 소중함을 일깨워준 사람들을 기리는 의미에서요. 첫 번째로 2014년 11월 23일에 세계적인 영장류 학자이자 환경운동가인 제인 구달 박사님을 모시고 '제인 구달의 길'을 열었어요. 유엔 평화대사이기도 한 구달 박사님은 명

예로운 일이 많았지만 자신의 이름을 딴 길은 처음이라며 무척 기뻐했어요.

이듬해인 2015년 11월 24일에는 '제인 구달의 길'이 있는 맞은편 산 능선을 따라 '찰스 다윈-그랜트 부부의 길'을 만들었어요. 1859년 11월 24일은 찰스 다윈의 유명한 책 〈종의 기원〉이 처음 출간된 날이에요. 위대한 과학자이자 사상가인 다윈은 이 책에서 환경에 적응하는 생물은 살아남고 그렇지 못한 생물은 사라진다는 자연선택론으로 생물의 진화를 설명했어요. 로즈매리 그랜트와 피터 그랜트는 미국 프린스턴 대학 명예 교수로서, 다윈이 비글호를 타고 세계 일주를 할 때 들렀던 갈라파고스 제도에서 40년이 넘도록 핀치 새의 생태와 진화를 연구해 온 부부 생물학자입니다. 만일 다윈이 부활한다면 제일 먼저 만나고 싶은 사람이 바로 그랜트 부부일 거예요. 핀치 연구를 통해 다윈의 학설을 가장 확실하게 증명해 보였으니까요.

2018년 4월 24일에는 국립생태원 용화실못 일대에 세 번째 생태학자의 길인 '소로의 길'이 열렸습니다. 헨리 데이비드 소로는 미국의 자연주의 사상가로, 매사추세츠주 콩코드의 월든 호숫가에 작은 통나무집을 손수 짓고 2년 2개월에 걸쳐 자연을 해치지 않는 소박한 삶을 살며 그 경험을 1854년 〈월든〉이라는 책으로 펴냈어요. 소로는 구달 박사나 다윈처럼 과학자는 아니지만 인간 중심의 편리한 삶을 좇지 않고 자연과 더불어 사는 삶을 선택하였기에 생태학자의 길에 당당하게 이름을 올린 거예요.

2013년 12월 말 국립생태원이 처음 문을 열었을 때 환경부는 일 년에 적어도 20만 명의 관람객이 방문하길 기대했어요. 서울에서 세 시간 반이나 걸리는 외진 곳에 그렇게 많은 사람을 불러들인다는 것은 불가능해 보였어요. 그런데 '개미세계탐험전'을

비롯해 온갖 흥미로운 전시들을 선보이고, '생태학자의 길'을 중심으로 다양한 생태 교육 프로그램을 제공하니 그야말로 대박이 터졌어요. 문을 열고 2년 연속 해마다 거의 100만 명에 달하는 어마어마한 수의 관람객이 다녀갔어요. 기대치의 다섯 배를 달성한 거예요.

지금도 국립생태원에는 사람들이 꾸준히 찾아오고 있어요. 단체 관람을 하는 학생들, 오순도순 손 잡고 나들이 삼아 들른 가족들, 연구를 위해 찾아온 과학자들. 모두모두 귀하고 반가운 손님들이에요. 지금까지 내 이야기에 귀 기울여 준 여러분도 엄마, 아빠와 함께 발걸음하기를 바랍니다. 작은 지구 국립생태원을 향한 관심이 우리의 지구를 살리는 소중한 실천이 될 거예요.

생명, 알면 사랑하게 되지요
최재천 선생님이 들려주는 생명 이야기

2015년 2월 25일 초판 1쇄 발행
2018년 6월 28일 개정 증보판 1쇄 발행

지은이 최재천
펴낸이 여승구
펴낸곳 더큰아이
편집 홍윤의 **디자인** 나무디자인 정계수
마케팅 김영훈 **경영지원** 지경진
인쇄 비전프린팅 **제본** 천일제책 **종이** 한국제지
주소 서울시 마포구 서교동 410-3 201호(와우산로 15길 10)
전화 02-333-3953 **전송** 02-333-3954
이메일 jhpub@naver.com
출판등록 2003년 3월 4일 제 13-811호

ⓒ최재천, 2015

ISBN 978-89-93111-36-1 (73490)

값은 뒤표지에 있습니다.
잘못된 책은 바꾸어 드립니다.
더큰아이는 ㈜지형의 어린이책 출판사입니다.

메모하기

메모하기